子どもと地域と社会をつなぐ家庭支援論

Kuniko Kato
Katsuko Makino
Nario Ihara
Yoichi Sakakihara
Junko Hamaguchi

加藤邦子
牧野カツコ
井原成男
榊原洋一
浜口順子
編著

福村出版

[JCOPY] 〈(社)出版者著作権管理機構 委託出版物〉
本書の無断複写は著作権法上での例外を除き禁じられています。複写される場合は、そのつど事前に、(社) 出版者著作権管理機構（電話 03-3513-6969、FAX 03-3513-6979、e-mail: info@jcopy.or.jp）の許諾を得てください。

もくじ

はじめに　家庭を支援するということ ………7
　第1節　家庭支援とは ………8
　第2節　保育士が家庭を支援するということ ………10

Ⅰ部　現代の家庭と子どものすがた

1章　日本の家庭の変化 ………15
　第1節　家庭とは？　家族とは？ ………16
　第2節　多様な家族のかたち ………18
　第3節　意識の中の家族 ………20
　第4節　世帯から見る家族の変化 ………21
　第5節　子どもにとっての現代の家庭 ………26
　第6節　世界の家庭と子育て ………28
　演習課題 ………30

2章　保育士による家庭支援の基本 ………31
　第1節　保育所の目的と家庭支援 ………32
　第2節　子どもにはよりよく生きる権利がある ………34
　第3節　「子どもの権利」という視点からの支援 ………36
　第4節　子どもの健康・安全と家庭 ………38
　第5節　保育所における教育機能と家庭支援 ………40
　演習課題 ………42

3章　子どもから見た生活 ………43
　第1節　子どもたちの暮らし ………44
　第2節　子どもと身近な人々―家族 ………50
　第3節　子どもと身近な人々―ともだち，地域の人，両親の友人他 ………54
　演習課題 ………56

4章　親になるということ ……… 59

第1節　子どもを産む―女性のライフコースと出産・育児 ……… 60
第2節　妊娠期の支援 ……… 62
第3節　出産と育児 ……… 64
第4節　育児不安と社会参加 ……… 66
演習課題 ……… 68

Ⅱ部　社会が家庭を支援するということ

5章　子育てへの社会的支援 ……… 71

第1節　子育て支援政策の展開 ……… 72
第2節　「働く母」と「専業母」 ……… 74
第3節　子育て中の居場所づくり ……… 76
第4節　危機にさらされる子ども ……… 78
第5節　重要性を増す社会的ケア ……… 80
第6節　子育ての社会化 ……… 82
演習課題 ……… 84

6章　保育所における家庭支援のあり方 ……… 85

第1節　様々な保育サービス ……… 86
第2節　保護者への対応 ……… 88
第3節　地域の専門機関との連携　1 ……… 90
第4節　地域の専門機関との連携　2 ……… 92
第5節　保育カンファレンス ……… 94
第6節　専門機関への紹介の仕方 ……… 96
演習課題 ……… 98

7章　支援のネットワーク ……… 99

第1節　地域子育て支援拠点事業 ……… 100
第2節　地域と家庭―家庭を支えるネットワーク ……… 102
第3節　地域と子ども―子どもの「居場所」づくり ……… 104

第4節　市町村における地域ネットワークの構築 106
第5節　地域における支援ネットワークづくり 110
第6節　支援ネットワークにおける役割分担 113
演習課題 116

8章　海外における家庭支援 117

第1節-1　カナダの家庭支援 118
第1節-2　カナダの家庭支援のいろいろ 120
第2節-1　ドイツの家庭支援 122
第2節-2　ドイツの家庭支援（乳幼児施設で）........124
第3節-1　フランスの子育て環境―仕事と子育ての両立のための支援 126
第3節-2　フランスの家庭支援―3歳未満の保育のかたち 128
第3節-3　フランスの家庭支援―3〜6歳児の生活と子育て支援 130
第3節-4　フランスの家庭支援―子どもと家庭の状態に応じたいろいろな支援 132
第4節-1　イギリスの子育て状況―すべての子どもの幸せを願う政策への転換 134
第4節-2　イギリスの子育て政策―家族政策としての保育・教育 138
演習課題 142

Ⅲ部　家庭支援が特別に必要になる場合

9章　発達に応じた親子関係と支援 145

第1節　おおむね6か月未満の子どもと親子関係 146
第2節　おおむね6か月から1歳3か月未満の子どもと親子関係 148
第3節　おおむね1歳3か月から2歳未満の子どもと親子関係 150
第4節　おおむね2歳の子どもと親子関係 152
第5節　おおむね3歳の子どもと親子関係 154
第6節　おおむね4〜6歳の子どもと親子関係 156
第7節　学童期の子どもと親子関係 158
演習課題 160

10章　発達障害がある子どもと家族 161

第1節　発達障害とはなにか 162

第2節　発達障害の現状と課題 ………164
第3節　自閉症スペクトラム障害（ASD）………166
第4節　自閉症スペクトラム障害へのその他の支援 ………170
第5節　注意欠陥多動性障害（ADHD）………172
演習課題 ………176

11章　家族の病理とその対処 ………177

第1節　家族の病理 ………178
第2節　親の病理 ………180
第3節　世代間伝達 ………182
第4節　依存と病理 ………184
第5節　子どもと暴力 ………186
第6節　からだことばと心身症 ………188
第7節　子どもとうつ ………190
第8節　臨床心理士が保育士から知りたい情報 ………192
演習課題 ………194

12章　虐待と家庭支援 ………195

第1節　子ども虐待の問題の所在 ………196
第2節　児童虐待の防止に関する法律 ………199
第3節　虐待の子どもへの影響とその理解 ………201
第4節　子ども虐待の現状 ………204
第5節　虐待の発生と防止 ………206
第6節　虐待への保育所の責任と役割 ………208
演習課題 ………212

13章　これからの家庭支援 ………215

第1節　子どもが育つ土壌としての家庭を支援する ………216
第2節　地域における養育支援と就労支援 ………218
索引 ………221

・はじめに・
家庭を支援するということ

はじめに

第1節　家庭支援とは

→1　児童福祉法では、「保育所」は児童福祉施設の一種として、「保育に欠ける乳児又は幼児（特に必要があるときはその他の児童）を対象とした日日保護者の委託を受けて保育する施設」とされているが、同じ施設を「保育園」と呼ぶことがあり、保育所の名称についても、「○○保育園」とされることがある。本書では主に「保育所」を使っている。

→2　教育基本法では子の教育について、第一義的責任を有する者として父母その他保護者が挙げられ、「国及び地方公共団体は、保護者に対する学習の機会及び情報の提供その他の家庭教育を支援する」と明記されている。

　みなさんは、家庭支援についてどのようにイメージしていますか。
　2009（平成21）年4月から施行された保育所保育指針では、保育所←1は「家庭や地域の様々な社会資源との連携を図りながら、入所する子どもの保護者に対する支援及び地域の子育て家庭に対する支援等を行う役割を担う」と明記されています。
　近年、子どもや保護者←2をとりまく環境の著しい変化とともに、①子どもが育つことの難しさ、②保護者が子どもを育てることの困難さ、に対して、社会的な支援が必要であると考えられるようになりました。地域で気軽に声をかけあう知り合いもおらず、相談することができないまま孤立している人々の存在や、児童虐待が増加していることもあって、現場では複雑な背景をもつ多様な家庭を受け入れるようになってきました。保育士の役割を果たすためには、多様な家庭・家族を支援する技量について学ぶ必要があります。
　早期から子どもの生活基盤を整えることは、その子らしさを育むうえでも重要です。現代の複雑化した社会における「家庭支援」とは、子育ち・子育ての困難さを引き起こす原因をよく理解したうえで、個々の家庭の状況に合わせた適切な支援を実践することなのです。
　皆さんがこのような要請に応えるためには、広く深い視点から子育て家庭を理解すること、保育士が行う家庭支援について主体的に学習することが大切です。
　これから学ぶ家庭支援の骨組について説明しておきます。本書は、Ⅰ部「現代の家庭と子どものすがた」、Ⅱ部「社会が家庭を支援するということ」、Ⅲ部「家庭支援が特別に必要になる場合」の3つの柱で構成されています。
　Ⅰ部「現代の家庭と子どものすがた」は、日本の家庭をとりまく状況や人間関係の視点からとらえます。さらに、これまでの変遷につい

家庭を支援するということ

はじめに　家庭を支援するということ				
I部　現代の家庭と子どものすがた				
子どもが育つ土壌			保護者の就労を支援する 「親」としての成長を支援する	
1章　日本の家庭の変化 2章　保育士による家庭支援の基本 3章　子どもから見た生活			4章　親になるということ	

II部　社会が家庭を支援するということ			
政府による施策の変遷，保育所，地域支援の連携・子育てネットワークの形成， 海外の実践から家庭支援を学ぶ			
5章　子育てへの社会的支援	6章　保育所における家庭支援のあり方	7章　支援のネットワーク	8章　海外における家庭支援（カナダ・ドイツ・フランス・イギリスの家庭支援）

III部　家庭支援が特別に必要になる場合			
関係論的視点，医療モデル，家族病理，養育困難事例への対処			
9章　発達に応じた親子関係と支援	10章　発達障害がある子どもと家族	11章　家族の病理とその対処	12章　虐待と家庭支援
13章　これからの家庭支援			

図1　本書の構成

ても理解できるように組み立てられています。

II部「社会が家庭を支援するということ」では，保育行政や政府による施策の変遷を取り上げ，多様な家庭支援の連携やネットワークづくりにつながるような支援についてまとめています。経済的な格差や貧困，社会的排除➡3 など，政策上の課題は家庭のあり方に大きな影響を与え，その結果，心理的な葛藤状態などを抱えてしまう危険があります。それぞれの家庭の状況に応じた支援のあり方を学ぶために，カナダの家庭支援，ドイツの家庭支援，フランスの家庭支援，イギリスの家庭支援について，各国の事情を詳しくまとめています。

III部「家庭支援が特別に必要になる場合」では，子どもの発達年齢，障害➡4 の特徴，家族病理，虐待をテーマに支援が特別に必要なケースをとりあげ，広く深く家庭支援について学ぶような構成となっています。

（加藤邦子）

⬅3　ある集団の中で，多くの人が一致して，特定の存在に対して価値をおとしめて，集団から排除することで社会を形成すること。

⬅4　本書では障害，障がいという2種類の表記をしている。

はじめに

第2節　保育士が家庭を支援するということ

　このテキストは「家庭支援論」という題名です。保育士になるために必要な科目ですから，ここでは「子育てに必要な」家庭支援を考えることになります。老夫婦2人暮らしの家庭で経済的に苦しい場合とか，老人同士の介護が困難などの場合の支援は，ここでは含まれません。

　もう1点，大原則を確認しておくと，このテキストでは，保育所などの児童福祉施設で働く保育士が，適切な家庭支援をするために必要なことが中心に書かれます。しかし，それは，保育士だけが家庭支援をする人だという意味ではありません。家庭支援を担える人や組織は，世の中にいろいろとあります。そういうことを知って，そのいろいろな人々や組織の間で，保育士がいわばコーディネータ（調整）役を果たしながら，子どもの「家庭」が子育てしやすい環境になっていくことが大切なのです。

　そして，保育士ならではの専門性として求められることは，子どもの日常的な姿を知る者として，「その子」◆5の育ちの特徴を把握し，子どもの気持ちや思いに寄り添いつつ子どもの側に立つことです。ただ安易に「親の味方」になるのではなく，子ども自身の幸せ（ウェルビーイング）を尊重する人になること，そのうえで，家庭を辛抱強く支えるのが保育士の仕事です。

　さて，次の問いに対してあなたはどう答えますか？
・「家庭がないと子どもは育たないのか？」
　答えは，'Yes.' 'No.' どちらでしょうか。これは，どちらも正解だし，どちらも間違いと言えます。つまり，質問自体の意味があいまいだからです。それでは，次の問いと合わせて，考えてみてください。
・「家庭があれば子どもは育つのか？」

➡5　一般的な子どもとは区別して「その子」とする。保育士が他の専門家と違うのは，日常の保育の中で，名前のある，世界の中でたった一人の，具体的な「その子」と関わっているところである。子ども一人ひとりの特徴をつかみ，その子からも特別に思われているのが，保育士あるいは保護者であろう。月に1回とか年に1回など，たまにしか会うことのない専門家もいるため，保育士が「その子の日々の様子と，その子ならでは育ち」を知っていることが非常に重要になる。

・「家庭がなくても子どもは育つのか？」
・「家庭があっても子どもが育たないことがあるのか？」

　これらの問いを見比べて考えてみると、「家庭」ってなんだろうとか、「育つ・育たない」って、どういう意味？と考えたくなると思います。これが大切な問いです。この答えは、世界共通ではありません。自分の家庭とか、日本で暮らしていて常識になっている家庭のイメージだけが「普通の家庭」などではないことを肝に銘じてください。そもそも「普通の家庭」とか「平均的な家庭」などというものが実際にあるのでしょうか。子どもの立場に立ってみましょう。自分の生まれてきた家庭が「普通じゃない」とか「常識的でない」と言われても、その子自身にとってはそこだけが自分の家庭なのです。「みんな違って、みんないい」と、それぞれの家庭の大切さを尊重することがまず求められるべきでしょう。

　死別や離婚、非婚などによって、父親か母親どちらかだけの家庭もあります。いわゆる、ひとり親家庭（単親家庭）は日本で急増しています。欧米諸国に比べて、日本の母子家庭では公的援助が十分でないため、経済状況がかなり苦しいケースが多いです。また、1980年以降、日本への流入する外国人（ニューカマー）が増え、保育所や幼稚園で異文化の子どもや保護者と出会うことが増えてきました。言葉や文化の違いという壁を理解し、子どもや保護者を援助していくことが保育士に求められています。

　日本では、「血のつながった両親と子ども」という「親子」の図式が、あるべき家庭（理想の家庭）のイメージとして、いまだに根強いといえます。しかし、日本以外の国々に目をやると、学校のクラスの半分以上が親の離婚か未婚によって片方の親に育てられていたり、肌の色も違う子どもが養子として引き取られ家庭を築いていることも珍しくない社会もあるのです。日本では、特に「血のつながり」を重視する傾向があります。しかし、そのような価値観では「家庭支援」を担うことはできません。それほど、リアルな日本社会は変わってきています。

はじめに

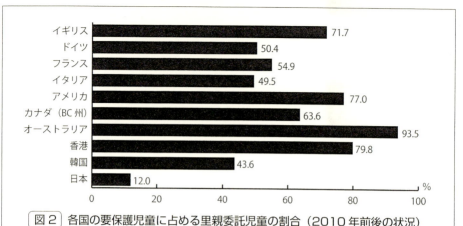

図2 各国の要保護児童に占める里親委託児童の割合（2010年前後の状況）

※「家庭外ケア児童数及び里親委託率等の国際比較研究」主任研究員　開原久代（東京成徳大学子ども学部）（平成23年度厚生労働省科学研究『社会的養護における児童の特性別標準的ケアパッケージ（被虐待児を養育する里親家庭の民間の治療支援機関の研究）』）
※日本の里親等委託率12.0％は，平成22年度（2011年）3月末
※里親の概念は諸外国によって異なる

出典　厚生労働省「社会的養護の現状について（参考資料）」平成25年3月

　親と暮らせない子どもは，児童福祉施設や里親家庭・ファミリーホームなどで育つことになります。里親家庭・ファミリーホームなどは小規模な施設ですが，日本には，まだまだ数十人規模で暮らす大規模な集団的施設が多いのが現状です。欧米では近年，0〜2歳の特に小さい子どもの場合，少人数の家庭的なユニットの里親委託等によって育てられなくてはならない（ノーマライゼーション[6]）という考え方になり，大型の施設はほとんどなくなっています（図2参照）。日本に里親制度が根付きにくいのはなぜなのでしょうか。これには，制度的な問題もありますが，日本文化に根差した「あるべき家庭」への価値観にもよるのかもしれません。考えてみてください。

　保育所に来る子どもの過ごす家庭はじつに様々です。保育士として，それぞれが子どもにとって大切な「家庭」であることを忘れてはなりませんし，あるべき「家庭」の姿を現実のその子どもに即して考えることが大切です。

（浜口順子）

➡6　障害者や高齢者など社会的な不利益を受けやすい人々（弱者）が，社会の中で他の人々と同じように生活し活動することが本来あるべき姿であるという考え方。

I部　現代の家庭と子どものすがた

1章　日本の家庭の変化

第1節　家庭とは？　家族とは？

1）家庭とは，「家族」と「生活」から成り立っている

「家庭」とは，そもそも何でしょうか。「家庭」という言葉からあなたは何をイメージしますか？　住まいや住むところをイメージする人もいるでしょう。食事や団らん，入浴，睡眠，など住まいの中でしていることを思い浮かべる人もいるでしょう。父親や母親，祖父母や赤ちゃん，子どもなど家庭の中の人物をイメージする人もいることでしょう。

どれも「家庭」を表わす大切なことがらです。「家庭とは，夫婦・親子などの家族が生活をともにする小さな集団，またその生活の場所」とされています（『明鏡国語辞典』）。

家族の人びとが生活をする場所が家庭というわけです。では，「生活」とは何でしょう。「家族」とは何でしょうか。

2）生活とは

生活とは，「人間が生きて，活動をすること」です。生き続けていくためには，食べたり，着たり，住まったり（寝たり休んだり）することが必要です。生きていくための衣食住を生産すること，あるいは購入して消費する活動は，生活の土台となります。生産や購入をすることのできない乳幼児や子どもが生きていくためには，だれか大人が，子どものために衣食住を用意しなければ，子どもは育つことができません。

また人間は，単に植物のように「生きている」だけでなく，環境に適応して，たくましく，うまく，よく「生きていく」ことができます。これは，人間の発達した大脳の働きによるものです。生きていくことを楽しんだり，喜んだり，よりよくすることができるのは人間だ

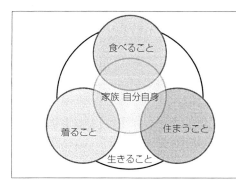

図 1-1　生きることと衣食住

けの特徴といえるでしょう。

3） 生活を支える要件

　きびしい気候環境や猛獣などから身を護るために，人間は防御のための建造物を作り，定住するようになりました。住まいは生活を営むための拠点であり，安全であること，健康に住むことができる場所であることは，生活のすべての基盤です。

　近代社会以降，生活を成り立たせるための要件として，経済活動（職業労働，家事労働）がもう1つの生活の基盤となっています。その他人間の生活を成り立たせている要件として，生理的活動（排泄，睡眠，食事，休養など），文化的活動，社会的活動があります。これらの活動は，生活時間の中で展開されています。

　ある人がどれだけ人間らしい生活や自分らしい生活を送り，人生に幸福を見出しているかをとらえる概念としてクオリティ・オブ・ライフ（QOL）[1]という指標があります。生活の質は，心身の健康，良い人間関係，やりがいのある仕事，快適な住環境，十分な教育，など様々な観点から測定されます。物質的，精神的な豊かさと自分らしい生き方を含めた指標です。

　ある人の生活の様子を理解し，支援するためには，その人の生活環境，生活空間，生活時間，経済生活（職業労働と家事労働），その人に関わる人間関係などの要件を，全体的・総合的に理解することが必要となります。

←1　生活の質。一人ひとりの生活に対する満足感，安定感，幸福感などの意識とそれに影響を与えている社会的環境などを合わせたもの。高齢者福祉や医療の場で使われてきたが，最近は，すべての人びとの生活全体の豊かさと自己実現を含めた概念として用いられている。

第2節　多様な家族のかたち

　「家族」とは何か，わかっているようですが，実は定義をすることはとても難しいのです。辞書を調べると「夫婦とその血縁関係者を中心に構成され，共同生活の単位となる集団」（『大辞泉』）などと書いてあります。
　家族社会学の領域では，次のように定義が時代と共に変化しているのです。どこがどのように変わったか，わかるでしょうか？

① 家族とは，夫婦を中核として，その近親の血縁者が住居をともにして生活している小集団（血縁的集団）」（『社会学辞典』1957）
② 夫婦関係を基礎として，親子きょうだいなど近親の血縁者を主要な構成員とする感情融合に支えられた，第1次的な福祉追求の集団（森岡清美『家族社会学』1972）
③ 夫婦（親）・子の結合を原型とする感情的包絡（emotional involvement）で結ばれた，第1次的な福祉志向集団である。（森岡清美『新社会学辞典』1993）
④ 高密度ネットワークとしての家族　（森岡清美 1998）

　①の定義は，国語の辞書で説明されている定義と近いものですが，50年以上前はこれで十分でした。しかし，だんだん家族の実態が変化してこの定義に合わなくなりました。1960年代の高度成長期に入りますと，家から離れて進学，就職する子どもや，単身赴任や出稼ぎの父親などがたくさん現れ，住居をともにするという言葉は家族の条件に当てはまらなくなりました。
　②の定義では，住居をともにするという条件を外して，感情的な一体感を家族の条件にした定義です。

家族は必ずしも感情的融合に支えられているとは言えないことがあります。夫婦がいつも対立したり喧嘩をしたりしている場合や，嫁と姑関係が険悪であったり，父親と子どもが口も利かないといった家族もあります。③の定義は，現実に合わせて，感情融合という言葉をやめて感情的包絡（関わり）という言葉に修正した定義です。福祉追求という言葉も福祉志向に修正されています。

近年，家族の中で発生する暴力や殺人，虐待などが社会問題となってきました。ドメスティック・バイオレンス（DV）や児童虐待などは家族の中で発生する暴力です。④の定義はそのような社会的背景を受けて，家族は福祉志向集団であるのかという疑問に答えて修正された家族の定義です。夫婦関係や親子関係という言葉も入らない定義となっています。

国連は1994年を国際家族年と定めて，世界が「家族」に対する関心を深めて，家族が抱える問題の解決を呼びかけました。国際家族年にあたって，国連が「家族とは」何かという定義をしなかったことは有名です。「家族は社会の基本単位である」ということで，世界の共通理解を得ました。そしてむしろ，世界には様々な家族があることを取り上げ，それぞれの家族が尊重される必要があることを述べました。

■ 届出によらない結婚の増加　（北欧，フランスなど）
■ 未婚の母親と子どもの家族の増加　（北欧，アメリカなど）
■ ひとり親家族の増加　（アジア，アフリカ）
■ 同性カップルの家族　（欧米など）
■ 三世代家族，四世代家族　（日本，フィリピンなど）
■ 混合家族（離婚，再婚，子連れ婚）の増加

私たちが日頃イメージしている家族は，「男女が届け出をして結婚し，血縁関係のある子どもや親が，住居をともにしてくらしている」というイメージですが，これは日本では戦後できあがった近代の家族像です。世界的にはこの近代家族像は形を変えつつあります。固定的な家族像にとらわれることなく，様々な家族の現状を見なければなりません。

第3節　意識の中の家族

ファミリー・アイデンティティ（Family Identity）

「だれを自分の家族と考えるか」「その人が家族と考える人びと」をそれぞれの人のファミリー・アイデンティティと呼びます。家族はそれぞれの人の意識の中にあるといえます。

ファミリー・アイデンティティは次のような特徴があります。

- 同居していない人も家族であることがある
- 同居の人々の間でも家族の範囲は異なる
- 家族の範囲は変化する
- ペットを家族と考える人もある
- 別居の人、死亡した人を家族と考える人もある

夫は離れて住んでいる自分の母親を家族と考えているが、妻は家族と考えていない、妻は自分のきょうだいや両親を家族と考えているが、夫は家族と考えていない、など家族の範囲は同居している家族員の間でも異なることがあります。親が離婚した後も子どもにとっては離婚後の親を家族と考えていることは少なくありません。

どの考え方が正しく、どの考え方は誤りということはありません。家族の人びとのファミリー・アイデンティティを尊重することは、家族関係の葛藤を避けるうえでも大切なことです。

第4節　世帯から見る家族の変化

1）世帯と家族

　家族は，必ずしも範囲が明確ではないので，国や地域の家族の実態や変化を知るためには，「世帯」という単位が用いられます。

　世帯とは「住居と生計を共にしている人の集まり，または一戸を構えて住んでいる単身者」を言います。家族は2人以上から構成される集団をさすのに対して，世帯は1人だけでも世帯となります。これを単独世帯または1人世帯と呼びます。

　日本では1920（大正9）年に最初の国勢調査が行われ，世帯の動向を以後5年ごとに調査が行われています。戦前までは世帯の規模（平均世帯人員）は約5人前後が続きましたが，1960年代の高度成長期以降，世帯規模は急速に小さくなっています。2010（平成22）年の国勢調査では，平均世帯人員は2.42人にまで減少しました（表1-1）。

　世帯の人数別の割合を見ますと，昭和の時代までは，4人世帯が最も多かったのですが，1990（平成2）年の国勢調査から全国で1人世帯が最も多くなりました（図1-2）。1人世帯は特に都市部で多く，東京都では683万世帯のうち，45.8％が1人世帯です（平成22年国勢調査）。

2）小さくなる世帯・家族

　世帯数は大幅に増えているのに対して，そこに住む人の数が少なくなっているのは，若い人や高齢者の独り暮らしが増加していること，少産少死の時代になり，子ど

表1-1　平均世帯人員の推移

年	平均世帯人員
1920年	4.89人
1930年	4.98人
1940年	4.99人
1950年	4.97人
1960年	4.14人
1970年	3.41人
1980年	3.22人
1990年	2.99人
2000年	2.67人
2010年	2.42人

資料：総務省統計局『国勢調査報告』各年版

I部　現代の家庭と子どものすがた

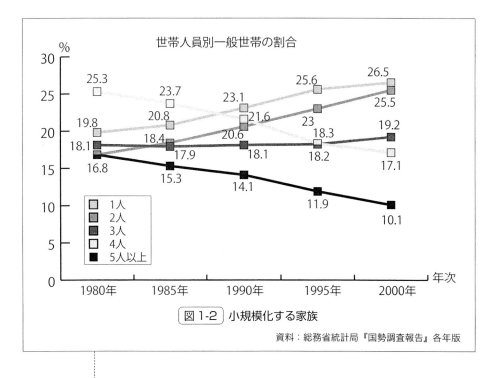

図1-2　小規模化する家族

資料：総務省統計局『国勢調査報告』各年版

表1-2

日本の合計特殊出生率の変化

1920年	5.24
1930年	4.71
1940年	4.11
1950年	3.65
1960年	2.00
1970年	2.13
1980年	1.75
1990年	1.54
2000年	1.36
2005年	1.26
2006年	1.32
2007年	1.34
2008年	1.37
2010年	1.39

資料：厚生労働省『人口動態統計』

もの数が減少していることによります。子どもの数が少なくなることは，社会の高齢化を進める大きな要因となることから，出生率を高めるための様々な方策が考えられています。

1人の女性が一生の間に産む子どもの数と同じとされている合計特殊出生率の変化を見ると，戦後のベビーブーム期の4.54（1947年）をピークとして，低下し続け，2005年にはこれまでに最低の1.26を記録しました（表1-2）。

出生率が低下している理由には，晩婚化，生涯未婚率の増加など，結婚をしない若者の増加も理由の1つに挙げられています。

1章 日本の家庭の変化

表1-3 世帯の分類と世帯構成

一般世帯
●親族世帯
　核家族世帯
　　1　夫婦のみ
　　2　夫婦と子ども
　　3　男親と子ども ┐
　　4　女親と子ども ┘─ ひとり親世帯
　その他の親族世帯（拡大家族世帯）
　　5　夫婦と両親
　　6　夫婦とひとり親
　　7　夫婦と子どもと両親 ┐
　　　（父母と子ども祖父母）│
　　　　　　　　　　　　　├─ 三世代世帯
　　8　夫婦と子どもとひとり親 ┘
　　　（父母と子どもと祖父または祖母）
　　9　その他
●非親族世帯
●単独世帯（ひとり暮らし）
施設等の世帯
　寮・寄宿舎の学生・生徒，社会施設の入所者など

3）世帯の家族類型とその変化

　住居と生計を共にしている人びとの集まりである「世帯」は，国勢調査では，大きく，一般世帯と施設等の世帯に分けられています。一般世帯はさらに，親族のみの世帯と非親族を含む世帯と単独世帯に分類されています。一般世帯のうち，親族のみの世帯は家族とほぼ同じものといえますが，表1-3のように，さらに分類されます。施設等の世帯は，病院や療養所，老人ホームなどに3か月以上住んでいる人で，全国ではおよそ251万人の人が施設などで暮らしています（平成

22年国勢調査)。世帯の家族類型別割合の変化を見てみますと,「夫婦と子どもからなる世帯」の割合はだんだん減少し2010年にはついに「単独世帯」の割合が最も多い家族類型となりました。子どものいる世帯全体が減少していますが,「ひとり親と子ども」の世帯は増加しています。そのうち母親と子どもの世帯は全国で386万世帯,父親と子どもの世帯は66万世帯となっています(平成22年国勢調査)。

4) 増加する雇用者家族

日本の家族をとりまく変化として,小さくなる家族を取り上げましたが,もう1つの大きな変化として,雇用者家族の増加を上げることができます。図1-4が示すように,戦前は第一次産業に従事する人が人口の約半数を占めていました。ところが戦後,1960年代に高度経済成長期に入ると,第二次第三次産業に従事する人が大幅に増加し,第一次産業従事者は急速に減少しました。現在では農林漁業などの産業従事者は5%ほどしかいません。これは,田畑や漁場など家の周辺で生産労働に従事する人々が減少し,家庭の外の工場や商業施設で働く雇用労働者が増加していることを意味します。

ひと昔前までは,家庭は生産労働の場所であり,働く場所でした

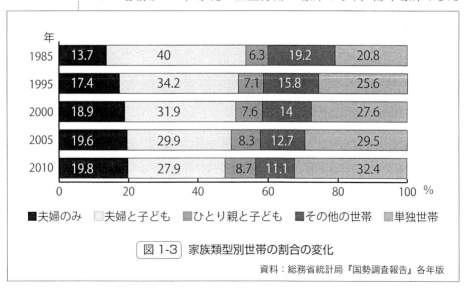

図1-3 家族類型別世帯の割合の変化

資料:総務省統計局『国勢調査報告』各年版

が，今日では家庭は労働の場から分離し，もっぱら衣食住を消費し，休養し，エネルギーを蓄える場となりました。

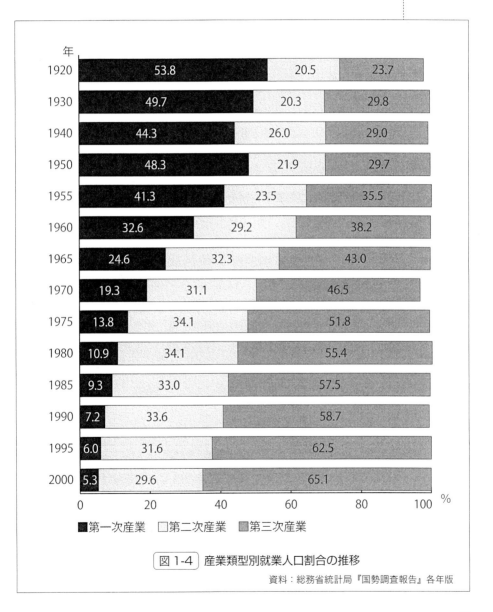

図1-4 産業類型別就業人口割合の推移

資料：総務省統計局『国勢調査報告』各年版

第5節　子どもにとっての現代の家庭

1）人と関わる力の弱まり

　現代の家族は核家族が増え，子どもの数が減少し，その規模が小さくなってきたことを述べました。家族が小さくなったことは，子どもにとっては，大きな影響を与えることとなりました。現在では，第1子の出産前後に仕事を辞める母親は61％に上っており（2000年出生児調査），乳幼児期の子どもはほとんど母親と家庭で過ごす場合が多く，発達にとって重要な時期を，母親とのみ過ごすことになっているということです。

　大勢の人が一緒に生活をすれば，洗面，食事，入浴など生活の様々な場面でおのずと順番や使い方のルールが必要となります。きょうだいが多ければ我慢をしたり，協力したりすることを自然に学びます。きょうだいが叱られたり誉められたりするのを見て，学ぶこともできます。祖父母と同居をしていれば面倒を見てもらったり，祖父母に親切にしたりすることもできます。性や年齢，立場の異なる様々な人と接することで，子どもは情緒や言語や社会性などを発達させていくことができるのですが，現代の家族はそれが大変難しくなりました。

2）貧しくなった人間関係

　子どもが幼いうちは「父親は仕事，母親は育児」という性別分業を当然とする社会の通念がいまだに強いので，父親は子育ての責任をもっぱら母親に任せることが多いのです。母親以外にほとんど接する人がいない家族の中では，子どもはコミュニケーションの能力や人と接する能力を育てることがどうしても難しくなっています。親の世代が，ひとりっ子や2人きょうだいなどが多いので，いとこがいないという子どもも少なくありません。現代の家族は，モノの面では戦後一

貫して豊かになってきましたが，ヒトについては，貧しさの一途をたどっているといってもさしつかえない状態です。

3）消費の場となった家庭

　雇用者家族が多くなり，仕事場は家庭の外となりますと，家庭は消費のみを行う場となります。子どもたちは家庭の中では手伝わなければならない仕事もなく，仕事から疲れて帰ってきて，休息をする親の姿を見るだけとなりました。親の仕事を継ぐこともなくなり，親の仕事をする姿を見ることもないので，農林漁業をしていた時代のようには父親は子どもに権威を示すことができなくなっています。

　親から子へ家業の農地やのれんなど譲り渡すものがないサラリーマンの親は，親の満たされなかった職業への願望を，子どもに託すことになります。良い学校を出て良い職業に就かせることが親の仕事となり，子どもの学校の成績を上げるために，家庭が学校化していくのです。成績の良くない子どもは学校にも家庭にも居場所がなくなってしまうことでしょう。

4）仕事の体験ができなくなった

　昔，子どもたちが行っていた布団の上げ下ろしや，雨戸閉め，ぞうきんがけや家の周囲の庭掃除，障子の張り替えの手伝いなど，子どもたちが手伝う家事労働がすっかり少なくなってしまいました。便利な商品が家庭に浸透し，仕事よりは勉強，とかき立てられる子どもは，仕事の苦労や喜びを家庭で体験することができなくなっています。人は仕事を通して，手足を動かしてものに働きかけ，食べるものや使えるものなど価値あるものを作り出すことから，働くことの喜びや楽しみを知ることができます。家族と一緒に仕事をすることで，協力したり，我慢したりすることも学びます。仕事の体験は，「できた」という充実感や自尊感情を育てます。

　家庭の中から，子どもができる仕事が減ってしまった現代は，調理や洗濯などの家事労働をすること，キャンプやボランティアなどを親子で体験する機会を作ることが必要です。

I部 現代の家庭と子どものすがた

第6節　世界の家庭と子育て

1）母親任せの日本の子育て

あらゆる分野における男女の共同参画が叫ばれるようになりましたが、日本の男性の家庭生活への参加度の低さは、国際比較調査など様々なデータで示されるようになりました。主な国との比較を表にしてみると日本の男性の家事・育児時間に占める男性の割合の少なさが韓国と共に目立ちます（図1-5）。

2）性別役割分担意識の強い日本の家庭

子育てに関する国際比較調査[2]から日本の家庭の特徴を見ておきましょう。0歳から12歳の子どものいる親が回答者ですが、食事の世話のような家事的な世話は、日本では特に母親が分担していて、主にしている父親はわずか2.5％しかありません。父母が共にしている

➡2　国立女性教育会館が2004年度から2005年度にわたり、日本、韓国、タイ、アメリカ、フランス、スウェーデンの6カ国の親を対象に実施した「家庭教育に関する国際比較調査」の結果。0～12歳までの子どもと同居している親またはそれに相当する人、各国父親500人母親500人計1000人が調査対象者で

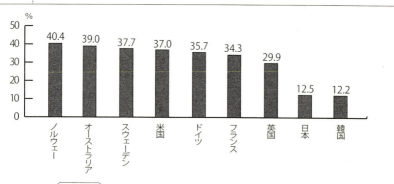

図1-5　男女計の家事・育児時間に占める男性の割合

備考）1．OECD「Employment Outlook 2001」、総務省「社会生活基本調査報告」（平成13年）等より作成
　　　2．5歳未満（日本のみ6歳未満）の子のいる家庭の家事・育児時間（男女別）から算出
　　　3．日本以外の女性はフルタイム就業者。日本の女性は有業者のデータ。男性はいずれの国も総数のデータ（平均）
　　　4．韓国のデータはこの有無は分からない。

出典　内閣府「男女共同参画白書」平成19年版

家族も 7.6% ほどしかありません。アメリカ, スウェーデンなど, 父母が共に食事の世話をしている家族が 30% 近くあるのと大きな違いがわかります（図1-6）。

「子どものしつけをする」については, 父母が共にという家庭が日本でも多くなっていますが, それでも日本の父親の参加の少なさは, 極めて特徴的です。スウェーデン, フランスでは, しつけは夫婦で共に, という意識を持っている人が多いことがわかります（図1-7）。

6カ国の中で日本の父親が最も家事や子育てへ参加が少ないことは, 1994年の調査でも10年後の2005年の調査でも同じように見られました。個々の家庭の中だけでなく, 社会全体で子育てを男女が共に担うという意識の変化が求められています。

ある（国立女性教育会館2006）。1994年に実施した同じ調査との比較から, この10年間を比較も見ることができる。（日本女子社会教育会 1995）。

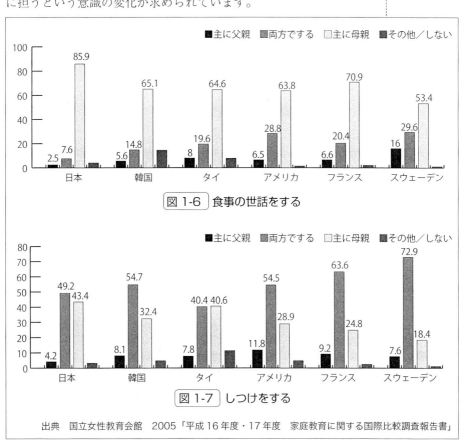

図1-6　食事の世話をする

図1-7　しつけをする

出典　国立女性教育会館　2005「平成16年度・17年度　家庭教育に関する国際比較調査報告書」

I部　現代の家庭と子どものすがた

■演習課題

1. 「男は仕事，女は家事・育児」という性別役割分業のもたらすプラス面，マイナス面を考えてみましょう。父親も育児に参加することができるようにするには，どうすればよいでしょうか。

2. 生まれてくる子どもの数が減っているのはなぜでしょうか。その理由をいろいろな面から検討してみましょう。

3. ファミリー・アイデンティティを図で表してみましょう。
   ①自分が家族と考える人びとを○や人の形で描いてみましょう。一緒に住んでいる人を線で囲んでみましょう。
   ②15年前，自分が生まれたころの家族を描いてみましょう。
   ③15年後の家族を描いてみましょう。
   ④友達と描いた家族を見せ合って違いを知りましょう。

家族は変化することを知る

1. 現在の自分の家族 自分が家族と考える人びとを○や人の形で描いてみよう。一緒に住んでいる人を，線で囲んでみよう。	3. 15年後の家族 15年後，あなたが自分の家族と考え得るのはどんな人びとだろうか。一緒に住んでいると思う人を線で囲んでみよう。
2. 15年前，自分が生まれたころの家族	

【文献】
森岡清美（1998）家族社会学の回顧と展望―1970年代以降：家族社会学のパラダイム転換を求めて，家族社会学研究　0：139-144
国立女性教育会館（2005）平成16年度17年度　家庭教育に関する国際比較調査報告書

【参考図書】
上野千鶴子（1994）近代家族の成立と終焉　岩波書店
落合恵美子（2004）21世紀家族へ―家族の戦後体制の見方・超え方（第3版）　有斐閣
牧野カツコ他編著（2010）国際比較にみる世界の家族と子育て　ミネルヴァ書房
山田昌弘（2007）少子社会日本―もうひとつの格差のゆくえ　岩波新書

2章　保育士による家庭支援の基本

第1節　保育所の目的と家庭支援

　戦前から戦後にかけて、保育所は「託児所」と呼ばれることがありました。今でもたまに耳にするかもしれません。「託児」というと、子どもを託す、という意味です。農繁期、親が特に忙しくなる時期だけ子どもを預かるような保育所もかつて多くありました。「保育に欠ける」状態を補うため「預ける」場所というイメージが「託児」にはあります。しかし、今は、親が子どもを「お任せします」と一方的に預ける場所ではありません。親と保育所が共に協力して子ども育てるための場所、と考えたほうがいいでしょう。

　このことは、下のように、保育所保育指針第1章で、「保育所の役割」として明示されています。

- 保育所は、その目的を達成するために、保育に関する専門性を有する職員が、<u>家庭との緊密な連携の下に</u>、子どもの状況や発達過程を踏まえ、保育所における環境を通して、<u>養護及び教育を一体的に行う</u>ことを特性としている。
- 保育所は、入所する子どもを保育するとともに、<u>家庭や地域の様々な社会資源との連携を図りながら</u>、<u>入所する子どもの保護者に対する支援及び地域の子育て家庭に対する支援等を行う役割を担う</u>ものである。
- 保育士は、倫理観に裏付けられた専門的知識、技術及び判断をもって、<u>子どもを保育するとともに、子どもの保護者に対する保育に関する指導を行う</u>ものである。

（下線部筆者）

　保育所では、「養護」と「教育」とが一体的に行われるとあります。養護と教育をバランスよく、保育所が行うためには、家庭との緊

密な連携が不可欠です。また，保育所に入っている子どもだけでなく，地域に暮らす家庭の子育て支援を行うことが，現代の保育所の新しい使命となっています。地域の保護者の相談にのったり，地域の親子に開かれた行事や場を設けたり，一時保育に対応するなど，地域の子育てセンター的な役割が求められているのです。

保育所保育指針の第6章では，別に「保護者に対する支援」に関する基本理念と，保育所に入所している子どもの保護者と，そうでない地域における子育て支援と，それぞれについての指針が示されています→1。

基本理念としては，下記の7つのポイントがあります。

1. 子どもの最善の利益を考慮し，子どもの福祉を重視する
2. 保護者とともに，子どもの成長の喜びを共有する
3. 保育士の専門性，保育所の特性を生かす
4. 保護者の養育力の向上に貢献するような支援を行う
5. 子育て等に関する相談や助言の際は，保護者の気持ちを受けとめ，相互の信頼関係を基本に，保護者一人一人の自己決定を尊重する
6. 保護者や子どものプライバシーの保護，知りえた事柄の秘密保持に留意する
7. 地域の子育て支援に関する資源，関係機関，団体等との連携・協力を図る

保護者をマラソンランナーにたとえると，保育士は「伴走者」のような立場で，横から応援し，共に喜んだり，支援を送ったりする人です。保護者が子どものためになすべき最善のことを決定し，実現することができるように，情報提供したり，関係機関との連絡・協力なども行うのです。しかし，そのプロセスで，保育士はいろいろと個人的な情報を知り得る立場にあるので，それによって保護者に不利益をあたえないようプライバシーを守ることが重要です（6章 p.89「守秘義務について」参照）。

← 1 【支援と指導】平成15年に改正された児童福祉法において，「保育士とは……専門的知識及び技術をもって，児童の保育及び児童の保護者に対する保育に関する指導を行うことを業とする者をいう」と定められている。これを受けて保育所保育指針でも「指導」という表現が使われている。指導という一方的に引っ張るようなイメージを受けるかもしれないが，保育所の行う「指導」は，「保護者の気持ちを受け止めつつ，安定した親子関係や養育力の向上をめざして行う子どもの養育（保育）に関する相談，助言，行動見本の提示その他の援助業務の総体」を指すと，保育所保育指針の解説で説明されている。

第2節　子どもにはよりよく生きる権利がある

1）子どもの命を守ること

　子どもが生きるうえで不可欠なものは何でしょうか。

　衣食住の確保はもちろん大切です。それ以前に，生命の安全が守られることは，もっと基本的なことでしょう。世界には，紛争地域で武器を持つ子どももいます。栄養失調でお腹が大きくふくれ，生気のないまなざしで息だけしているような子どももいるのです。この日本にも，子どもが空襲で死んだり，浮浪児が街にあふれかえる時代がありました。最近も，地震や天災による被災家族の問題は後を絶ちません。

　生命維持だけでなく，人と人との愛着的な関係も人間が健全に生存するために不可欠であることを，ホスピタリズム[2]の研究は教えています。乳児期から，特定の養育者に適切な世話をしてもらい，その人に親しみを持つこと，つまり愛着関係を人との間に育てることが，心身の安定した発達に重要であることがわかったのです。このことは，当時の大規模な福祉施設が行っていた，能率を重んじる集団的で一律の保育を見直す重要な契機になりました。

　こうした，子どもが生きるうえで大切な，生命の安全確保，衣食住の環境や親身な世話などを，人はまず，家庭という場所で得ることになります。しかし，いろいろな事情で，こうしたものを十分に受けられない子どもが世の中に多くいます。「人権」という言葉が考え出される前の時代，つまり近世以前は，人の身分や家柄など生まれつきの環境で（子どもにとってそれは「運」「不運」の問題です），ほとんど決まっていました。しかし，徐々に，人は人としてみな平等でなくてはならず，社会を一緒に形成する市民として同等の自由と権利を持つべきだという考え方になりました。

　不幸な子どもがいるということは，その子ども個人の不幸であるこ

[2] 施設病，施設症。1950年代，ジョン・ボウルビィによる研究で，乳幼児期に長期にわたって親から離され施設に入所した場合に現れることのある，情緒的な障害や身体的な発育の遅れをさす。

とはもちろん、社会全体にとっても悪循環を生み、いい影響を与えるものではないことを人間は歴史の上で学んできたのです。貧困な家庭に生まれようと、早くに親を失っても、障害を持っていようとも、社会が子どもの幸せを保障し、その社会的保護を受けられる権利を子どもが持っているという考え方になったのです。

2） 子どもがよりよく生きる権利

子どもの権利を国際的に保障しようとする動きは、1989年に国連で締結された、「児童（子ども）の権利に関する条約」→3 で実現しました。この条約における「子ども」は18歳未満のすべての人です。

「児童又はその父母若しくは法定保護者の人種、皮膚の色、性、言語、宗教、政治的意見その他の意見、国民的、種族的若しくは社会的出身、財産、心身障害、出生又は他の地位にかかわらず、いかなる差別もなしにこの条約に定める権利を尊重し、及び確保する。」（第2条）

ここで大切なことは、子どもが保護される受け身の者ではなく、そのような権利の主体であるという姿勢です。

そして、「その人格の完全かつ調和のとれた発達のため、家庭環境の下で幸福、愛情及び理解のある雰囲気の中で成長すべきである」と書かれています（前文）。幸福、愛情、理解に包まれた「家庭」が、子どものバランスのとれた発達に必要であり、国や社会には、各家庭がそのような雰囲気に少しでも近づくための条件を整える義務があるのです。

保育所等の保育士が、家庭を支援し、保護者と協力して子どもを育てる伴走者となることは、子どもの権利を守る行為に他ならないことを忘れてはなりません。

← 3 子どもの権利条約。条約は締約国の国会で批准の手続きをされて発効するが、日本ではその準備に5年かかり、1994年に批准された。省略して「子ども（児童）権利条約」と呼ばれることが多い。

第3節 「子どもの権利」という視点からの支援

1） 子どもの最善の利益とは

　保育所保育指針で示されている「保育所の役割」の冒頭に，「子どもの最善の利益」という表現があります。

「保育所は……保育に欠ける子どもの保育を行い，その健全な心身の発達を図ることを目的とする児童福祉施設であり，入所する<u>子どもの最善の利益</u>を考慮し，その福祉を積極的に増進することに最もふさわしい生活の場でなければならない。」

（下線部筆者）

　「子どもの最善の利益」とは，児童の権利に関する条約の第3条にある言葉です。

　児童に関するすべての措置をとるに当たっては，公的若しくは私的な社会福祉施設，裁判所，行政当局又は立法機関のいずれによって行われるものであっても，児童の最善の利益が主として考慮されるものとする。(「児童の権利に関する条約」第3条)

　子どもは自ら権利を有する主人公なのですが，まだ自分のことを自分で決めることが十分できません。ですから，誰とどこで暮らすのか，という非常に重要なことを決める際にも，大人の意見が必要となります。これは，現代においては当然のことのようですが，昔，父親が家父長としての強い権利を有していた時代には，子どもの意見などとは関係なく，子どもの人生の方向を決めていた時代もあったのです。また現代においても，たとえば親が虐待を加えているような場

合，子どもの最善の利益をどう守るのかについて，その親に決定させるわけにはいかないでしょう。そのために，国や裁判所をはじめ，学校や幼稚園，保育所など，子どもの権利や生活を守る仕事に関わる者は，子どもにとっての最善の利益を考えて行動することが求められるのです。もちろん，親が子どもの養育や成長に対して責任を果たす際にも，「子どもの最善の利益」が関心の的になります。

児童は，出生の時から氏名を有する権利及び国籍を取得する権利を有するものとし，また，できる限りその父母を知りかつその父母によって養育される権利を有する。（第7条）

両親が誰かを知る権利ができるだけ保障されること，またなるべく父母によって養育される権利を持つとされています。しかし，虐待などの場合，どうしても親から引き離す➡4ことが「子どもの最善の利益」と判断されれば，それを社会が行使することはできます。
　このような子どもにとって重要なことを決める場合，子どもには意見を申し述べる権利があります。

自己の意見を形成する能力のある児童がその児童に影響を及ぼすすべての事項について自由に自己の意見を表明する権利を確保する。この場合において，児童の意見は，その児童の年齢及び成熟度に従って相応に考慮されるものとする。（第12条）

しかし，意見を形成する能力のあるかどうかは一律に基準を確定できないという問題があります。子どもの意見表明権を認め，意見を尊重するとしても，乳幼児に「どうしたい？」と聞いても，見通しをもって適切な答えを出せるわけではなく，その言いなりになることが「子どもの最善の利益」を守ることにはならないことは当然です。だからこそ，大人や社会の責任は，非常に大きいのです。

◀4 「児童がその父母の意思に反してその父母から分離されないことを確保する。ただし，権限のある当局が司法の審査に従うことを条件として適用のある法律及び手続に従いその分離が児童の最善の利益のために必要であると決定する場合は，この限りでない。このような決定は，父母が児童を虐待し若しくは放置する場合又は父母が別居しており児童の居住地を決定しなければならない場合のような特定の場合において必要となることがある。」（第9条）

第4節 子どもの健康・安全と家庭

　保育所保育指針において，保育のねらいと内容は，「養護」に関わるものと「教育」に関わるものとの両面から示され，その両面が一体となって展開されることに留意する必要があります。養護面では「生命の保持」「情緒の安定」を図り，身体の安全を確保し，健康に過ごさせる環境を準備することが，根本的な使命であることは言うまでもありません。保育所保育指針第5章に「健康及び安全」について書かれた部分があります。保育所では，「一人一人の子ども」の健康・安全はもちろん，「子ども集団全体」の健康・安全の確保につとめなくてはなりません。この中で，特に「家庭支援」に関わる部分に注意してみましょう。

1）子どもの健康支援

　保育士は，まず子どもの健康状態，発育・発達の状態を把握することが求められます。定期健診や日常的な観察をとおして，定期的・継続的な把握につとめたり，保護者から家庭での様子を聞き取ったり，降園時には保育所での健康状態を丁寧に伝え，嘱託医と必要に応じて相談するなどの対応をしたりします。相互のコミュニケーションが大切で，ほとんどの園では連絡帖をはじめとするツールが用意されています。虐待が疑われるような場合，関係機関と連携して対応することが，日常的に子どもと出会う保育士の重要な役割でもあります。

2）健康増進・疾病への対応

　子どもの健康に関する保健計画を作って，保育士をはじめ，栄養士や調理師，看護師や事務職員など全職員がそのねらいや内容を共有して，子どもの健康増進を図ることが重要です。保育中の体調不良や傷害が発生した場合は，必要に応じて保護者に連絡します。また感染症

やその他の疾病の発生や疑いがある場合は、保護者や全職員に連絡し、協力を求める必要があります。

3) 事故防止・安全対策

保育中の事故防止のために、家庭や地域の諸機関と協力して安全指導を行うことが必要です。

災害対策、不審者対応、健康管理、情報管理、保育環境や遊具の安全性など挙げればきりがないですが、最近は、食物アレルギー[5]の子どもが増加し、個別的な対応や、誤って誘引物質を摂取した場合の緊急対応法の徹底など、保育士に求められる専門性は高まるばかりです。嘱託医、看護師、栄養士、調理師、事務管理者等が、緊急時対応について普段から相談し体制を整えておくことが重要です。子どもたちや保護者にとっても、保育所にいる多様な役割の大人たちが、円満な協力関係をもって生き生きと働く姿を見ることは気持ちよく、安心感と信頼感を育てるに違いありません。

保護者と常に密接な連携を図るとともに、保育所全体の方針や取り組みについて、保護者の理解が得られるようにすることが重要です。

4) 食育の推進

保育所における食育は、健康な生活の基本としての「食を営む力」の育成を目指しています。保育士、栄養士、調理員、看護師などが協働して、チーム保育を行い、食に関する保育環境を改善し、子どもが楽しく食事をし、健康増進への意欲を高めることが望ましいといえます。また保護者の食育への関心や意識を高めるための工夫も、保育所全体の取り組みとして行われることが大切です。

「教える」という姿勢ではなく、保護者の気持ちを受けとめ、家庭での様子を話したり相談したりしやすい雰囲気をつくること、そして、相互の信頼関係を基本に保護者一人ひとりの自己決定を尊重する姿勢が基本となります。

←5 原因食物としては、鶏卵、乳製品、小麦、甲殻類、そば、魚卵・魚などが多い。じんましんなどの皮膚症状、腹痛や嘔吐などの消化器症状、咳やゼーゼーなどの呼吸器症状などいろいろな症状があるが、複数が同時かつ急激に出現する症状をアナフィラキシーといい、直ちに対応しないと生命に関わるケースもある。

第5節　保育所における教育機能と家庭支援

　昭和37年以来，3歳以上の幼児の教育については，保育所は幼稚園教育要領に準じた内容で行うことになっています。そのため，保育所保育指針第4章「保育の計画及び評価」における，「教育に関わるねらい及び内容」は，「健康」「人間関係」「環境」「言葉」「表現」という，5つの保育内容に沿って書かれています。

　乳児保育については，特に保護者との信頼関係を築きながら，保護者からの相談に応じ，保護者支援に務めるよう配慮しなくてはなりません。また，3歳未満児については，担当保育士の交替を特に注意深く行い，保護者との連絡も綿密に行う必要があります。子どもが安定した生活を送り，充実した活動ができることが大切です。

1）　家庭と保育所のなめらかなつながり

　家庭から保育所に初めて入る入園時，あるいは転園や長期の休み明けの時など，無理にではなく，できるだけ子どものペースで新しい環境に親しんでいけるように工夫したいものです。養護面における情緒面の安定は，教育面においても基本です。家庭生活と園生活との間が，子どもにとってなめらかにつながることによって，子どもは安心感を育て，保育所を自分の居場所と感じるようになります。

　その安心感があって初めて，子どもは保育者や他の子どもと関わる気持ちを育て（相互性），周囲の環境や事象への興味や関心をもって自発的に遊び，遊びをとおして探究心や好奇心を育てて，情操を豊かにし，集中して取り組む姿勢を培っていきます。

2）　乳幼児期の遊びの大切さを保護者に伝える

　保護者の中には，子どもが自発的に遊ぶことの重要性を理解しない人もいます。「早期教育」といって，早くから文字や数字を教えた

り，与えられた活動をいわれたとおりにできることをよしとするような指導ばかりをさせる保護者も多く見受けられます。

　しかし，乳児期から，子どもが周りの世界に興味をもち，大人には名前を付けにくいような活動に，集中してとりくむような遊びが見られます。このような活動の在り方が，この時期の子どもにとって大切な教育的体験であることを，保護者に伝えていくことが保育士がなすべき大切な仕事です。「最近，○○ちゃんは，一生懸命木の実を集めては袋に入れるのを面白がっています。お友達にも少し分けてあげて，うれしそうにしています」など，子どもの生活の様子を，保護者に伝えていくと，家庭で見ている子どものイメージを新しくし，子育てへのエネルギーが湧いてくるかもしれません。

　保護者の不安や，保育所への不信感→6が大きいと，子ども自身もなかなか保育所で安心することができないものです。保護者と保育士の間の信頼関係を築き，保育所が安心して子どもを預けられる場所であることを納得してもらえるようにすることが大事です。

3）子ども同士の育ち合いの大切さを保護者に伝える

　保育所のような集団的な場における教育は，大人による影響も重要ですが，子ども同士による気づきあいや刺激によるものが大きいといえましょう。同じ年だけでなく，異年齢の子ども同士の関わり合いが重要であり，いざこざやケンカなども，人の気持ちに共感したり，自分とは異なる思いを理解し，相互の考えを伝え合う大切さを学ぶ機会となります。保護者が，わが子を他の子どもと比べて悩んだり，子どもからの「説明」だけを聞いて誤解して不満をもったりする場合も多いようです。そのような悩みを打ち明けやすい関係を，保育士が保護者と持つことがまず大事ですが，子ども同士で育つことの重要性を説明し，いざこざやケンカも重要な学びのチャンスであることを伝える必要があるでしょう。保護者会だけでなく，たとえば保護者による観察日をつくり，普段のわが子の様子を見たり，同時に他の子どもの育ちにも触れたりすると，保護者がわが子を新鮮な目でとらえなおす機会となることも多いようです。

←6　保護者の不安は，育児に関することはもちろんだが，きょうだいや家庭のことで悩んだり，仕事や生活に追われて精神的に追い込まれたりして，自分が不安でいることにも気づけないような状態になっていることも多い。保育士が，相談という形ではなく，「話し相手」になるだけでもいいし，むしろ，ほっとくつろげる空間を用意して，他の保護者とも自然におしゃべりできるような場（コーナー）を提供することも有効である。保護者同士がつながり，雑談や気分転換ができるような機会を持つことで，子育て不安が和らぐ場合も多い。

I部　現代の家庭と子どものすがた

■演習課題

1. 「児童の権利に関する条約」を読み，「家庭」「家族」「保護者」「父母」という言葉が，どこで，どのように使われているか，調べましょう。また，日本の常識から見て，違和感がある部分をさがし，それはなぜなのか考えてみましょう。

2. 「少なくとも3歳までは，親は子どもを家庭で育てた方がいい」という考え方のことを，『3歳児神話』といいます。これは，50年ぐらい前の日本ではかなり強い考え方でした。当時よりも現代では，働く女性が増え，専業主婦が少なってきていますが，それでも，このような考え方がまだ残っていて，外で働くことに後ろめたいものを感じている母親は少なくありません。保育士の中にも，働く母親を心から応援できない人はいるそうです。保育士を目指すあなた自身，「3歳児神話」についてどう考えるでしょうか。

【参考文献】
・日本弁護士連合会（2011）子どもの権利条約・日弁連レポート　問われる子どもの人権　日本の子どもたちがかかえるこれだけの問題，駒草出版．
・喜多明人・森田明美・広沢明・荒牧重人（2009）逐条解説　子どもの権利条約，日本評論社，9．

3章　子どもから見た生活

第1節　子どもたちの暮らし

1）子ども時代を考える

　学生であるほとんどのみなさんにとっては，「子どもだったころ」は，まだほんの数年前のことでしょう。そうでなくとも，自分がどんなふうに遊んできたか，また，周りにどんな人がいたか，あるいは周囲の環境はどんなふうだったか，子ども時代のお父さんお母さん・おじいちゃんおばあちゃん・きょうだいのこと，あるいは頻繁にあっていたご近所の方や親きょうだいの友人のことなどは，比較的容易に思い出すことができるのではないでしょうか。

　また，ふとした時に，ある場所やある季節を雰囲気や匂いとして思い出してドキドキしたりホッとしたりすることはありませんか？　普段は何も感じない人混みの中でふと迷子になった時の恐怖感がよみがえったり，消毒液の匂いから病院で怪我や病気の手当を受けた記憶がよみがえったり。

　こんな例もあります。小学校4年生のMちゃんのお母さんから聞いたお話です。思春期の入り口といわれる時期にさしかかり，Mちゃんは学校でも家庭でも今までとは違う緊張感や居心地の悪さを感じることも多くなったようです。ある休日Mちゃんは，お母さんと木々の中を歩き，少し奥まったやわらかな草の上に座って大きく深呼吸をし，安心しきった表情になりました。そして「あー，K先生の匂い！」と言ったそうです。K先生は，Mちゃんの幼稚園時代の担任の先生でした。お母さんに言わせると，木々の中で物理的にK先生の匂いがしたわけではなく，幼稚園の時にK先生にすべてを受け止めてもらった感覚を思い出し，安心したのだと思う，とのことでした。

　これらはきっと，誰もが一度は子どもであったこと，そして，子ども時代というのは，有形無形で今の自分自身に確実につながり，その

> ·········· COLUMN ··········
> **子ども時代を描いた自伝的作品から**
> 「絵の中のぼくの村」は、著者の田島征三さんとふたごの弟でやはり絵本作家の田島征彦さんの四国の田舎で過ごした少年時代を生き生きと描いた本です。
> その一節。「あの村で過ごした数年間は、五十歳を過ぎてしまっているぼくにとってだきしめたいほど大切な、いとおしい思い出のつまった日々なのだ。もし、ぼくが一本の木であるとしたら、その根は芳原の山や小川に延び拡がり、ぼくの心の奥にあるあの村から栄養のある水をすいあげてその力で枝や葉を茂らせているように思われるのだ」(「絵の中のぼくの村」くもん出版 1992)と書かれています。
> 本文中で述べたように、誰もが一度は子どもだったことが、有形無形で今の自分自身に確実につながり、その後の自分にとってかけがえのないものであった、ということがあらわれているように思います。

後の自分にとってかけがえのないものであった、ということのあらわれといえるかもしれません。
・人はだれもが子どもであるか子どもだった。
・一度は子どもだった、ということが、「今の自分」や「未来の自分」にとってなにかしら関連し、なにかしら意味を持っている。
・子どもだった時にも、人間はだれも、物質のように他と切り離せる単体として存在していたのではなく、人やモノや自然との関わりの中に生きていた。

これらを踏まえたうえで、子どもと、子どもをとりまく人間関係について考えていきたいと思います。

2) 幼い子どもはどんなところで育っているか

幼い子どもたちの現在の状況について概観していきましょう。
『2013年版 保育白書』の第一章「幼い子ども・家族の今 F 就学前の子どもの育つ場所 保育所入所率は低年齢児で増加」の中の図表を見てみましょう。この項の執筆者による分析にあるように「2012年度の就学前児童全体の状況を見ると、保育所入所児童の割合は、34％(約216万人)、認可外保育施設入所児童の割合は、2.8％(約17.7万人)、幼稚園在園児童の割合は25.3％(約160万人)で、これ

I部　現代の家庭と子どものすがた

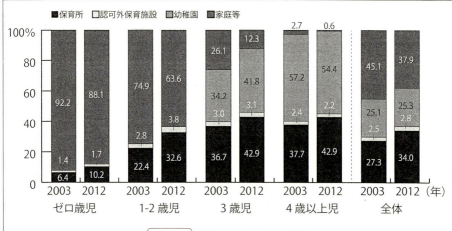

図3-1　就学前児童の保育状況

注1　保育所入所児童数は福祉行政報告例（厚生労働省（2012年4月1日現在））（概数）による
注2　幼稚園在園児童数は学校基本調査（文部科学省（2012年5月1日現在））による
注3　認可外保育施設は厚生労働省の「認可外保育施設の現状」（2012年3月31日現在）による
注4　就学前児童数（0〜5歳児人口）は人口推計（総務省統計局（2012年10月1日現在））をもとに，以下のような修正を加え4月1日現在の人口を推計した。A歳児人口＝10月1日現在のA歳児人口×6/12＋10月1日現在の（A+1）歳児人口×6/12
注5　合計は100.0％にならない場合がある

出典　全国保育団体連絡会保育研究所『2013年版 保育白書』

以外の家庭等で保育を受けている児童は37.9％（約240万人）」であり，「子どもが育つ場所として，約6割の児童が家庭等以外のところで保育を受けており，年々その割合は増えている。その中で，認可外保育施設は入所児童の割合は低いが，低年齢児では就学前児童全体に占める入所率は特に増加している」としています。

3）幼い子どもはどんなことをして過ごしているか

　子どもの生活は「あそぶこと」と切り離すことができません。外あそび・室内あそび，伝承あそび，集団あそび，ボードゲーム，電子ゲーム……。

　「あそび」と一口に言っても実にいろいろあり，以前100人以上の学生に，一人ひとつずつ思いつく「あそび」・自分がしてきた「あそび」を挙げてもらったところ，2巡できるほど次々に挙がりました。

「缶けり」「色おに」「こおりおに」「モノおに」「手つなぎおに」「しっぽとり」「かくれんぼ」「はないちもんめ」「ままごと（家族ごっこ）」「電車ごっこ」「なわとび」「砂場あそび」「〇〇レンジャーごっこ」「人形あそび」「ドールハウス」「秘密基地づくり」。中には「地面に書ける石探し」「石けり」「石を蹴りながら歩く」「新聞紙びりびり競争」「梱包用のプチプチをひたすらつぶす」「蝉取り」「四葉のクローバー探し」「花の蜜を吸う」「木に登る」「屋根にのぼる」というような答えもありました。ブランコや滑り台，鉄棒などの遊具を使ったものや「何々ごっこ」と名付けられたものばかりではなく，思いがけない答えもあったりして，「あそび」がかなり広くとらえられるものであることがわかります。いずれにしても，子どもにとって，「あそび」ととらえられる活動には，際限なく種類やバリエーションがある，と言えるでしょう。今現在の「子ども」である人たちにも，家庭や園，近くの公園，時には街角で，充分に遊んでいてほしいと思います。けれども，すでに1970年代から，「三間の喪失（あるいは減少）」という言葉で言われ続けている状況があります。三間とは，子どものあそびが成立するために不可欠な3つの間，すなわち「時間」「空間」そして「仲間」のことです。三間が失われていることが指摘されてすでに数十年が経とうとしているということです。

　それとも相まって，気になる傾向が強まっていることも事実です。たとえば，先の『2013年版 保育白書』「幼い子ども・家族の今」で，「子どもの生活とあそび」を見てみると，「子どもを通じた近所づきあいが年々希薄になっていて，地域から孤立する母親が増えるとともに，子どもも主に親としか触れ合う機会がないことがうかがわれる」と分析しています（図3-2）。

　また，「就学前の子どもをもつ保護者でスマートフォン（スマホ）を利用している人のおよそ半数が，子どもをあやすために動画や子ども向けのアプリを使用していることがわかった」として，「新しいメディアの普及とともに新しい子育て環境が生まれている。アプリの使用については今後も注目されていくと思われる」と分析しています（図3-3）。

I部 現代の家庭と子どものすがた

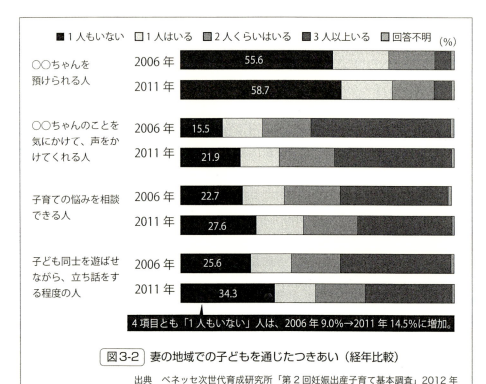

図3-2 妻の地域での子どもを通じたつきあい（経年比較）

出典 ベネッセ次世代育成研究所「第2回妊娠出産子育て基本調査」2012年

子どものためにスマホをどう使う		
1位	動画をみせる	71%
2位	子ども向けのアプリを使う	64%
3位	写真をみせる	56%
4位	ゲームをする	42%
5位	写真や動画を撮る	41%

図3-3 子どものためにスマホを利用

出典 ベネッセコーポレーション「携帯電話やスマートフォンに関する意識調査」2012年
インターネット調査

どの子にも，心も体も伸びやかに，たくさん声を出し汗をかいて遊べる時間がたっぷりあってほしいと思います。過ごし方の質を高めて量的な不足を補おうとしたり，別のことで代替しようとしても，そう簡単に補ったり替われたりするものではありません。もともとあそびは，時間や空間の余裕やゆとりそのもののことであり，効率や能率，時間短縮，省略，といったことからは遠いものです。ゲームをするにもテレビやビデオを見るにも，そしてスマホをするにも，そのための時間が費やされます。長い時間がスマホで費やされれば他のことをして遊ぶ時間は自ずと短くなったり無くなったりします。子どもにスマホを利用させる際には，使わせる大人の側に，有限である時間をスマホに費やさせているという「自覚」が最低限，必要ではないかと思います。

・・・・・・・・・・・・・・・・・・・・・・・・・・・ Column ・・・・・・・・

スマホ"ごっこ"

「子どもの心が何にどう触れているのかが見えず心を通わせにくい」。
　あるベテラン保育士Ｓさんの言葉です。Ｓさんは定年退職後に市の嘱託職員になり，今は０歳１歳の一時預かりのお部屋（ひろば＝仮称）を担当しています。以下はＳさんの言葉です。
「家での遊びといえばスマホ，という子の来所が目立つようになりました。ひろばでは子どもが日常的にしている遊びを焦らずに探っていくうちに保育者が子どもの興味関心に気づき，子どもが保育者に気持ちを寄せてくれるようになります。けれど，家庭ではほとんどスマホでしか遊んでいない子は一緒に楽しめる活動のきっかけを見つけるのがむずかしく，"あそべない"状況が長く続いたりします。本人がやること（知っていること）はスマホを操作する真似。遊びに『実体』が感じられません。具体的に，この子は何をして遊ぶのが楽しいのかが見えず，遊びを共有する糸口にならない，と感じます。どんな小さなことでも，子どもが自分から始める遊びであれば，子どもの心が動いているのがわかるのですが，アプリの内容に心が動いているのか，スマホ（を使う形式）を真似ているだけなのかわからない。心を動かすものを共有できない。『そうね～，くまさんがママに抱っこしてるわね』と相づちを打つような，あたりまえの共感ができないもどかしさがあります」

Ⅰ部　現代の家庭と子どものすがた

第2節　子どもと身近な人々―家族

1）人や社会との多様なつながり

　子どもは，言うまでもなくどの子にも生物学的な父親と母親がいることでこの世に生を受け，私たちの社会に登場します。多くの場合，生まれた子どもは生物学的な両親すなわち血縁で結ばれた親子関係に基づく家庭で育つことになりますが，必ずしも生物学的両親とその子で構成される家庭ばかりがあるわけではありません。また，たとえ構成が同じでも，子どもは一人ひとり異なる家庭環境にあり，生育の途中で変わることもあります。

　ただひとつ，どの子にも等しく言えることは，社会や他者と何のつながりもなくこの世に現れる人はいない，ということです。生まれた時から，子どもは「だれか」と「どこか」でつながっているものなのです。そのつながりを元手に子どもが育っていくのであれば，どのようなつながりも子どもをよく生かすものであってほしいと願いたいものです。

2）『ちいさいモモちゃん』からわかること

　松谷みよ子の「モモちゃんとアカネちゃん」という童話のシリーズを知っていますか？　第1作の『ちいさいモモちゃん』が出版されたのが1964年，本のきっかけとなった文章はそれよりも3年ほど前に書かれていますから，今からもう50年以上も前に書き始められたお話です。そうでありながら，時代や世代を超えて，とてもたくさんのことをみずみずしくわたしたちに伝えてくれます。次の1992年のシリーズ最終巻『アカネちゃんのなみだの海』あとがきを読むと，保育所に子どもを入れることにまだまだ偏見のあった時代の雰囲気がわかります。

3章　子どもから見た生活

　ほんとうに長い歳月がたちました。モモちゃんという名の主人公がはじめて登場した作品「三つになったモモ」を書いたのが，一九六一年十月発行の「母の友」（福音館書店）です。（中略）
　そもそも，この『ちいさいモモちゃん』が生まれたのは，長女が四歳のとき，「わたしの赤ちゃんだったときのおはなしをして。」とねだられたのがきっかけでした。じつはわが家は，劇団「太郎座」の稽古場であり事務所であり，美術制作の場でした。長女はカミソリやら釘やらトンカチのなかで育ったようなものでした。当然，よその家の赤ちゃんのように手はかけられません。おまけに私は肺区域切除をして療養中というのですから，めちゃくちゃな生活です。ですから，近くの保育園が赤ちゃん部屋を開設したと知ったときのうれしさ，満一歳の長女をすぐ入れたのです。
　「保育園なんてどうにもならない子のいくところよ。ましてや赤ちゃん部屋なんて……。」
　近所の方にいわれました。まだ偏見の強い時代でした。しかし娘を赤ちゃん部屋へ入れてみて，集団のなかで育っていく姿に感動をおぼえました。そうだ，ふつうのお母さんのように手をかけて育てられないけれど，だからこそ，この子のからだの成長と魂の成長を書いておこう，と思いました。しかし，赤ちゃん部屋に行くモモちゃんを，ふつうの家の子がわかってくれるだろうか。でもその心配は無用で，読者である子どもたちはちゃんと受けとめてくれました。（後略）

　これは，保育所という集団の中で育つ子どものこと，親の離婚による別れ，親の病気，そして死別を，著者であり母である松谷みよ子が人の人生で出会う様々な局面を温かくやわらかく軽やかな語り口で描いた童話です。

　第二作『モモちゃんとプー』は，一九七〇年上梓。『ちいさいモモちゃん』が出てから六年めでした。というのは，その間に離婚し，劇団からも退団したからでした。劇団「太郎座」の美術による人形の表紙，デザイン構成は別れた夫の瀬川拓男というややこしさで作品は揃っていたものの，本にまとめるには冷却期間が必要だったのです。そして，わが家の生活が

背景となっているモモちゃんの作品は，第二作でいちおうおしまいと私も思いましたし，事情を知っている版元も第三作をとは，いいにくい状態だったと思います。

　この壁を破ったのが二女でした。一歳半で父と別れた二女にとって，父がなぜいないかということは，ものごころついてからの大きな疑問でした。五歳になったとき出版された『モモちゃんとプー』を読んで彼女は考えたのです。『ちいさいモモちゃん』のモモちゃんはどうやらお姉ちゃんのことらしい。そして，こんど出たモモちゃんとプーのおはなしのなかで生まれた赤ちゃんは，自分のことらしい。それならばママがつぎの本を書けば，そこんとこがわかる。さてそれからきびしい状況になりました。モモちゃんの三冊めはいつ書くのか，というのです。はやく，そこんとこを書いてほしいというのです。うーん，生返事をしていると，

「そこんとこを書くのは恥ずかしいか？」

というのです。

「恥ずかしくなんかありません。」

　ことここに至ったとき私は，母親としても，もの書きとしても追いつめられたと思いました。離婚を幼年童話のかたちで書いた『モモちゃんとアカネちゃん』は，一九七四年，こういうわけで生まれたのです。

　離婚まっただなかを童話で書く——至難のわざに思いましたが，書いてみれば虚構であればこそ真実に迫れた，とも思うのです。コツコツと靴だけが帰ってくる話も，死に神も，歩く木も，私にとっての真実でした。

　そして，無心な幼女のつぶやき。

「パパはおおかみなの。さびしいおおかみなの。おくちをすこしあけて歩いているよ。」

　二歳のとき，父親のつくった映画の試写会に行った二女は私にこういったのです。

「パパおおかみ」はここから生まれました。子育てのなかで，ふっともれる無心なつぶやき，それはほんとうにどきっとするほど恐ろしくも鋭いものでした。それがなかったら，このシリーズをつづけて書く心持ちにはならなかったでしょう。（後略）

　　　　　　　　　（『アカネちゃんのなみだの海』あとがきより）

　子どもにとって，両親の不和，それに続く別れは，心の痛いことに

違いありません。何度「なぜ？」「どうして？」という問いを繰り返しても，またどのような説明や応答が得られたとしても，多くの場合，心が軽やかに晴れるような心境には至らないかもしれません。しかし，だからこそ，そのような境遇に置かれた子どもたちが，自分のことを大切に思う大人が居ること，ないがしろにされることのない社会であると実感できるような人的環境が保障されてほしいと考えます。それは親の離婚に限ることではありません。保育者は，その子の近くにいてやることのできる親しい大人の一人です。自らがその子どもにとって信頼できる大人でありたいと願うと同時に，その子に関わる大人と気を許し，笑い合える姿で関わり合いを目指してほしいと思います。

児童福祉法第一章総則には次のようにあります。

第一条　すべて国民は，児童が心身ともに健やかに生まれ，且つ，育成されるよう努めなければならない。
　　2　すべて児童は，ひとしくその生活を保障され，愛護されなければならない。
第二条　国及び地方公共団体は，児童の保護者とともに，児童を心身ともに健やかに育成する責任を負う。

第1条は，ほぼ同じことを2回言っていることがわかります。つまり，どの子も皆，等しく，かわいがられ，心身ともに健やかに育たなければならず，その責任は親だけではなく私たち皆にある，ということです。以前，主語を空欄にして，何が入るかと授業や講演会等で問うたところ，多くの人が第1条1項の主語を「親」と答えました。しかしそうではありません。この国の誰もが，すべての子どもの幸せを願い，そうなるように努めなければならないのです。

保育や子育てにプロとして関わる人は，すべての人の「代理」あるいは「代表」であるとも言えます。一人ひとりの子どもに関わる仕事とは実は，とても社会的な意味をもっているのです。

第3節　子どもと身近な人々
　　　　　―ともだち，地域の人，両親の友人他

　子どもの視点で「身近な大人」を考えた時に，真っ先に思い浮かべるのは親と先生（保育者）かもしれません。けれど，子どもを支える人は家族や保育者だけではありませんね。「家庭支援論」を「子どもや保護者，家族や家庭を支えること」であるととらえる中で筆者がまず思い浮かべたのは「おいしいもののすきなくまさん」でした。「え？　それはいったいだれ？」と思われるかもしれません。その人こそ，この章の中ですでに話題に出てきた「モモちゃんとアカネちゃん」シリーズの中に出てくる隣人，ママの友だちです。親にとって，子育てが「自分だけ」あるいは「自分と連れ合いだけ」がするものではなく，その子を愛しく思うまなざしで共に育てていこうというだれかが居てくれる，と思えることは大事です。子育てをする親にとって，それ以上に救われる「子育て支援」はないのではないでしょうか。作者によれば，「おいしいもののすきなくまさん」は，子育てを支えてくれた多くの実在の友人たちがモデルであったそうです。

　また，同シリーズにもう1人，血のつながりはないけれど家族ともいえる，とても重要な役割をしている登場人物に，「くろねこのプー」がいます。シリーズ最終巻『アカネちゃんのなみだの海』の中の「プー，学校へいく」というお話を見ていきましょう。

　小学校2年生のアカネちゃんを，ある朝プーが起こしに行きますが，アカネちゃんは学校に行かないと言って泣いています。聞けば，給食当番でパンを配ろうとしたら「おとうさんがいない子はパンを配っちゃだめ」と言われたのだと言います。姉のモモちゃんは，自分が学校に行っていじわるする子を「ぽいーんぽいーん」とお山の向こうまでぶっとばしてやる，と言いますが，プーは，中学生のおねえ

ちゃんがそんなことをしたらアカネちゃんが余計にいじわるされてしまう，と言い，自分が一緒に学校に行くことにします。

　それでプーは大きな目をきりっとあけ，アカネちゃんの足のところに，座っていました。
　いよいよ給食の時間になりました。アカネちゃんがパンをくばりましたが，みんなおとなしくわけてもらいました。
　そして，その日だけでなく，つぎの日も，そのつぎの日も，そのつぎの日も，プーはきちんと学校へ行き，ずうっとアカネちゃんと一緒にいて，おわると一緒に帰ってきました。
　プーはひとこともいいませんでしたが，プーの姿が，あまりにも威厳にみちていて，だあれも，なんにも，アカネちゃんにいじわるなんていえなくなったのです。
　そして不思議なことに，ネネコ先生も，プーに一度も，でていきなさい，なんていいませんでした。

　この子には，この子を大切に思う人がいるのだ，ということが，その子自身にとってももちろんそうですが，その子の周りの子どもたちにとって，実はとても大事なことではないか，と思います。いじわるをする子には，その子がかけがえのない存在であることが想像力が乏しくてわからない。その子を大切に思う人がいることなど，教室でその子と接しているだけでは思いもつかないのではないでしょうか。学校について行ったプーのように，ただ何もせず，でも，その子のために「居る」ということが，この子にはこの子を大切に思う人がいる，この子はそういう大切な人なんだ，ということを可視化するのではないでしょうか。
　「おいしいもののすきなくまさん」のような，ある時は「プー」のような，共に育てようと願うあたたかいまなざしが保育士には求められるでしょう。

Ⅰ部　現代の家庭と子どものすがた

■演習課題

1. あなたにとって思い出深い〇〇ちゃんの子ども時代について友だちに紹介しましょう。〇〇ちゃんは，子ども時代に出会った子どもでもいいし，現在知っている子どもでもいいです。自分のことでもかまいません。実在の子どもについてレポートしてください。その子のニックネーム，家族のこと，住んでいる家や周りの様子，好きな遊び，などなど。知らない部分については想像で描いてもかまいません。ただし，本当のことであれ想像のことであれ，本人が読むことになっても不必要に傷つけるようなことがないように，誠意をもって紹介しましょう。

2. 子どもと身近な人々との関わりを描いた絵本を読み合い，子ども―家族の関わり，子ども―家族以外の関わりの，多様性や共通点について自由に語り合ってみましょう。子どもの人間関係について描かれた絵本は実にたくさんありますが，以下にごく一部のみ紹介します。

　　もりのなか（マリー・ホール・エッツ）　福音館書店　1963
　　ライオンのよいいちにち（あべ弘士）　佼成出版社　2001
　　ぼく おかあさんのこと…（酒井駒子）　文溪堂　2000
　　おかあさんになるってどんなこと（内田麟太郎）PHP研究所　2004
　　ピーターのいす（エズラ・ジャック・キーツ）　偕成社　1969
　　ごきげんなすてご（いとうひろし）徳間書店　1995
　　おいていかないで（筒井頼子・林明子）福音館書店　1988
　　いもうとのにゅういん（筒井頼子・林明子）福音館書店　1987
　　だいじょうぶ だいじょうぶ（いとうひろし）　講談社　1995
　　きみなんかだいきらいさ（ジャニス・メイ・ユードリー，モーリス・センダック）冨山房　1975
　　とん ことり（筒井頼子・林明子）　福音館書店　1989
　　ちびゴリラのちびちび（ルース・ボーンスタイン）　ほるぷ出版　1978
　　ねぇねぇ，もういちどききたいな わたしがうまれたよるのこと（ジェイミー・リー・カーティス，ローラ・コーネル）偕成社　1998
　　ボタ山であそんだころ（石川えりこ）福音館書店　2014

【文献】
全国保育団体連絡会保育研究所(2013) 2013保育白書 ちいさいなかま社
田島征三(1992) 絵の中のぼくの村 くもん出版
ベネッセ次世代育成研究所(2012) 第2回妊娠出産子育て基本調査
ベネッセコーポレーション(2012) 携帯電話やスマートフォンに関する意識調査(インターネット調査)
松谷みよ子(1992)アカネちゃんのなみだの海 講談社

4章　親になるということ

第1節 子どもを産む
―女性のライフコースと出産・育児

➡1 5章第2節「働く母」と「専業母」参照。

　日本の女性の就業率は，学校卒業後に就職で上昇し，その後結婚・出産期にいったん離職・退職で低下，子育てが落ち着いた時期に再び上昇するという「M字カーブ」[1]を描くという特徴がありました。近年では，カーブのくぼみ（就業率の低下）が小さくなり，M字の形に変化がみられます（図4-1）。しかし，このようなM字カーブの変化から，「近年女性は，結婚や出産・育児にかかわらず就業を継続するようになった」と結論づけることはできないといわれています。M字の底にあたる年齢階級が30～34歳から35～39歳へと移行したことも合わせ，M字カーブの変化は，未婚化（晩婚化，非婚化）によるものであるとも考えられるからです。

　西村（2014）によると，結婚をはさんだ女性の就業行動は大きく変化しており，結婚前後で就労継続する女性は1920年代生まれの女性の約10％から，1970年代生まれの女性では約50％となり，大幅に増加しています。しかし，第一子の妊娠・出産を経た就労継続率は1920年代生まれの女性から1970年代生まれの女性まで大きな変化はなく，一貫して20％程度と報告されています。つまり，離職のタイミングが結婚時から第一子妊娠・出産時へとシフトしたのであり，第一子出産後も就労継続する女性は5人に1人と少数であることに変わりはないのです。

➡2 ライフコースとは，ライフイベント（人生の節目となる出来事）の選択の結果として描かれる人生の軌跡・道筋のこと。進学，就職，結婚，出産，子育て，離職・退職などのライフイベントが，いつ，どのように生起するかによって，個人の人生の道筋は異なるものとなる。

　出産後も就労継続するのは，高学歴で専門的職業に就いている女性が多いのではないかともいわれますが，これまでの研究では，就労継続に対する学歴の効果は明確には確認されていません。学歴や職業にかかわらず，出産・育児期に離職して育児に専念するのは，多くの女性にとって理想とするライフコース[2]であり，またそれを望む男性も多く，夫婦の積極的な選択の結果であるとの指摘もあります。しかし，どのような選択であっても，この時期の選択がその後の家庭にお

ける役割や就業行動のあり方など，女性のライフコースに影響を与えるものであることは確かです。

出産・育児期は，女性や家族のライフステージ→3の中でも，仕事と子育ての両立，ワーク・ライフ・バランスを図ることが困難な時期といえるでしょう。経済状況の悪化を背景とした共働き家庭の増加や，ひとり親家庭の増加もあり，特に都市部では乳児期からの保育所入所希望は増える一方です。出産後も就労を継続する家庭にとって，保育の充実は，親の就労支援と養育支援の両方にとって重要であり，そして子どもの発達支援にとっても大きな意味をもちます。家庭で子育てに専念している親にとっても，地域の子育て支援拠点としての保育の意味は大きく，乳児期から質の高い保育を実現することが急務です。

←3 ライフステージとは，人間の生涯における発達や生活の変化によって区分された各段階のこと。

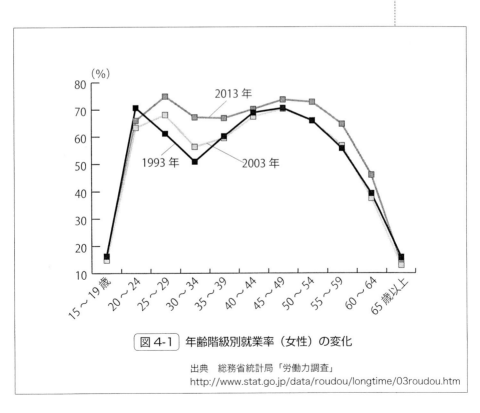

図4-1　年齢階級別就業率（女性）の変化

出典　総務省統計局「労働力調査」
http://www.stat.go.jp/data/roudou/longtime/03roudou.htm

第2節　妊娠期の支援

1）高年齢の妊娠・出産の増加

　晩婚化に伴い，出産年齢も上昇しています。第一子出生時の母親の平均年齢は，2011（平成23）年に30.1歳となり，その後も上昇が続いています[4]。およそ10年間で，母親の年齢が35歳以上の出産の割合は倍増し，2013年には年間出生児約103万人のうち26.9%，およそ4人に1人が35歳以上の母親から生まれています。

　高年齢の妊娠・出産は医学的なリスクを伴いますが，それらのリスクをよく理解したうえで，それまでの豊富な心理社会的経験を出産や子育てに生かすという肯定的な意味を見出していくことも大切です。

2）不妊と生殖補助医療（Assisted Reproductive Technology:ART）

　人間は他の動物に比べて妊娠する確率が低い動物で，1か月あたりの妊娠率は高くても25%程度です。妊娠が確認できた場合でも，そのうち約15%が自然流産します。自然流産のほとんどは妊娠12週未満の妊娠初期に起こり，約7割に染色体異常があることがわかっています。妊娠前後の過ごし方など母体の努力では避けられないもので，生存可能な生命が選択されて妊娠継続するよう，自然の摂理が働いていると考えられます。流産・死産全体では，夫婦の6組に1組（16.1%）が経験しているとの報告（国立社会保障・人口問題研究所，2011）もあり，決して少ない数ではありません[5]。

　また，個人差は大きいものの，一般に女性の年齢が高くなると妊よう性（妊娠しやすさ）が低下し，妊娠が成立した場合でも自然流産の確率が上昇することがわかっています。妊娠を希望しながら子どもに恵まれず，不妊の検査や治療をしたことのある夫婦は6組に1組というデータ[5]があります。両親がどの年齢でも不妊の可能性はありま

➡4　出産年齢については，厚生労働省「平成25年（2013）人口動態統計（確定数）の概況」
http://www.mhlw.go.jp/toukei/saikin/hw/jinkou/kakutei13/index.html 参照

➡5　国立社会保障・人口問題研究所（2011）「第14回出生動向基本調査（結婚と出産に関する全国調査）夫婦調査の結果概要」
http://www.ipss.go.jp/ps-doukou/j/doukou14/doukou14.asp

すが、高年齢の不妊治療が増えています。不妊治療の進歩はめざましく、なかでも体外受精や顕微授精など高度な生殖補助医療（ART）による出産が急増しています。2012年には、出生児数全体の3.66%（27人に1人）にあたる3万7953人が生殖補助医療によって出生しています。

しかし、生殖補助医療でも妊娠の平均成功率は最大で3割、生産率（無事に赤ちゃんが生まれる率）となるとさらに数字は低下します（吉村、2013）。不妊治療が長期化することも珍しくなく、心身の負担、治療にかかる費用の増大、就労との両立困難などが生じる場合があります。行政による不妊治療費用の一部助成も行われていますが、制度的・社会的な支援、家族の協力や職場の理解、心理的支援の充実などが必要です。

3）妊娠・出産への支援—リプロダクティヴヘルス／ライツの尊重

生殖補助医療による妊娠でも、先天性疾患（生まれつきの病気や障害）の発症率は、両親の因子を統制すれば、自然妊娠と変わらないとされています。先天性疾患は、出生児全体の3〜5%にみられるもので、母体の年齢や妊娠の方法などにかかわらず、どの夫婦にもその可能性があります。出生前診断の技術開発が進み、胎児期から赤ちゃんの健康や異常に関する様々な情報が得られるようになりました。それでも、出生前に診断されるのは先天性疾患のごく一部であること、場合によっては「産むか産まないか」という生命の選択を迫られる倫理的問題、病気や障害の有無にかかわらず子どもが温かく迎え入れられる社会のあり方などについて、社会全体で議論を深めていくことが必要です。

現在の日本では、多くの女性にとって、妊娠・出産は人生で1回ないし数回しかない貴重な経験です。かけがえのない妊娠・出産期を女性と家族が納得し安心して過ごせるよう、妊娠・出産に関する正確な情報提供、医療ケアの充実、遺伝カウンセリングや心理的支援の拡充などを通して、「リプロダクティヴヘルス／ライツ→6」を実現していくための支援が必要です。

←6 リプロダクティヴヘルス／ライツ（性と生殖に関する健康／権利）とは、女性の生涯にわたる健康支援と、生殖に関する自己決定権の尊重を掲げる概念。（→第3節コラム参照）

第3節　出産と育児

　女性にとって，妊娠・出産は心身に大きな負担がかかり，これをきっかけに心身の不調が出現することもあります。その後の長い育児期を女性が健康に過ごせるよう，手厚い支援が必要です。

　妊娠期間40週の間に，胎児は約3000g，子宮内の胎盤や羊水などを合わせると5〜6kgの重さとなります。また，母体の血流量は妊娠前の約1.5倍に増加，脂肪蓄積なども加わり，平均して10kg前後の体重増加となります。心臓や腎臓への負担が大きく，それまで健康だった女性でも，妊娠高血圧症候群や妊娠糖尿病などの産科合併症をおこすことがあります。

　また，妊娠・出産にともなって，抑うつや不安など精神的な変調が起こりやすいことも知られています。妊娠中の心身の変化に加え，出産時には妊娠を継続させるために働いてきたホルモンや臓器などの身体生理機能が急激に変化します。さらに出産直後からは，赤ちゃん中心の生活による睡眠不足，親としての役割や環境の変化などもあり，心身のストレスが増大します。女性にとって妊娠・出産期は，様々な精神障害の発症や再発リスクが上昇する時期であり，適切なサポートが必要です[7]。

➡7　妊娠中は，定期的な妊婦健康診査でのサポートが欠かせない。産科を中心に，必要に応じて内科や精神科などが連携して妊娠経過を見守り，母親の健康と胎児の発育を支えている。

1）産後うつ

　出産した女性の30〜60％に生じる一過性の情動障害をマタニティブルーズといいます。産後3日頃に生じることの多い軽い抑うつ状態で，不安，疲労感，涙もろさ，睡眠障害，集中力困難などがみられます。数日から1週間程度で軽快しますが，産後うつ病に移行するケースもあるため，注意深く経過を見守ることが必要です。

　産後うつ病は，産後数週間から数か月以内に生じ，産婦の10〜15％に発症します。妊娠を望んでいたか，子どもが健康であるかな

どにかかわらず，誰にでも起こりえます。希死念慮（死にたくなること）などがある場合は，精神科治療が必要です。子どもとの安定した相互作用が困難になるため，愛着関係の発達を阻害するリスクが高くなり，虐待につながるおそれもあります。産後健診や乳児家庭全戸訪問事業，地域の子育て支援や保育の場などで早期発見につとめ，適切なサポートと治療を行うことが重要です。

2）サポート体制の整備

妊娠・出産・育児にともなう身体的・心理的・社会的変化に対しては，妊娠前から出産後まで，切れ目なくきめ細やかなサポートが必要です。医師や助産師による医療ケア，親になるための準備教育（病院や自治体が実施する両親学級，妊娠の届け出と同時に自治体を通して配布される母子健康手帳など），出産後は，地域の母子保健事業や子育て支援のさらなる充実が求められています➡8。

妊娠・出産期は，新しい家族を迎え，家庭が新しいステージへと移行する時期でもあり，その後の育児期につながる支援が重要です。

←8 保健所・保健センターは，妊娠中から育児期まで切れ目なく地域の母子保健を担っている。乳幼児健康診査の実施のほか，地区担当保健師による家庭訪問や電話相談，養育支援のコーディネートも行う。また，民生委員・児童委員，主任児童委員は，地域住民の立場で相談や支援，見守りを行っている。

.... COLUMN ....
リプロダクティヴヘルス／ライツとは

　リプロダクティヴヘルス／ライツ（性と生殖に関する健康／権利）という概念は，1994（平成6）年に開催された国際人口・開発会議において提唱されたものである。
　この概念は，子どもを産むか産まないか，産むとすればいつ，何人産むかを女性が自己決定する権利を中心課題とし，広く女性の生涯にわたる健康の確立を目指すものである。
　女性は，妊娠や出産の仕組みが備わっている性として，妊娠・出産期のみならず，思春期・更年期など生涯を通じて男性とは異なる健康上の問題に直面し，心身や生活の状況が大きく変化し得る。こうした女性特有の問題を踏まえ，リプロダクティヴヘルス／ライツの概念を踏まえた女性の生涯を通じた健康支援を図っていくことが重要である。
　また，子どもを持つ持たない，産む産まないの決定については様々な議論が存在するが，妊娠・出産が女性の心身に大きな影響を及ぼし，また，その人生設計を大きく左右し得るものであることにかんがみれば，女性の自己決定は十分尊重されるべきである。
　同時に，その際には，女性の妊よう性（妊娠しやすさ）は，個人差はあるが一般には，年齢が高くなれば低下が見られ，出産できる年齢にも一定の限界があることなどにかんがみ，「望むときに出産できる」ために必要な情報が適切に提供されることが求められる。

出典　厚生白書（平成10年版）第1編 第1部 第2章 第2節 5 妊娠・出産 5-8

第4節　育児不安と社会参加

　子どもとの暮らしは，喜びや新しい発見なども多い反面，負担感や疲労感，閉塞感など否定的な感情も多く経験されるものです。これらは「育児不安」と呼ばれており，牧野（1993）は，「育児不安とは，子どもの現状や育児のやり方などについて感じる漠然とした恐れを含む不安の感情。疲労感や焦り，イライラなどの精神状態を伴う。悩みや恐れはそれを引き起こす特定の対象があるのに対して，不安は明確な対象がなく漠としている」と定義しています。

　育児不安は，子どもとの関わりを楽しむことや，健康な育児行動を阻害する可能性があり，虐待のリスク要因となることが指摘されています。家庭内の協力体制や，地域の子育て支援の場などにおいて，育児不安の深刻化や長期化を防ぐことが重要です[9]。

1）父親の育児関与

　育児不安は，子育てに深く関わっている人であれば多くの人が経験する感情ですが，研究は圧倒的に母親の育児不安に関するものが多いのが現状です。近年，育児に積極的に関わる父親は「イクメン」と呼ばれ，父親の育児関与が増大している印象もありますが，国際比較調査（牧野ほか，2010）の結果では，わが国の父親が平日に子どもと一緒に過ごす時間の平均値は，1994年の3.3時間から2005年の3.1時間へむしろ減少しています。6歳以下の子どもがいる父親（正規雇用者）が子どもの世話と遊びを行う回数を調べた日本家族社会学会の調査においても，1999年時点に比べて2004年および2009年は週当たりの「世話」の回数が有意に減少しており，しかも1週間に2～3回という少なさです。「遊び」でさえ父親は1週間に3回あまりという結果で，いずれも週末にまとめて関わっていると考えられています（松田，2013）[10]。

➡9 「マイ保育園」登録制度
妊娠中から育児期の保護者が，地域の身近な保育所を「マイ保育園」として登録し，保育所に入所していなくても保育士などから継続的な支援を受けることができる制度。妊娠中は，おむつ替えや授乳などの育児体験，出産後は育児の情報提供や育児相談，一時預かりなどの支援が受けられる。保育所が地域の子育て支援センターとしての役割を果たし，親の育児不安軽減につながる取り組みとして期待されている。（9章第1節参照）

➡10　1章第6節参照。

結婚し父親になっている男性は正規雇用者が相対的に多いのですが，非正規雇用者の活用に伴い正規雇用者の労働時間はかえって長時間化しています。育児休業の取得率も，女性は80～90％ですが，男性は1～2％にとどまっており，しかもそのほとんどは数日から数週間といった短期間の育休取得です。育児に積極的な意識を持つ父親が増えても，労働をとりまく状況が変わらなければ，父親の育児関与は増加しません。長時間労働の見直しや短時間勤務への所得補償，企業への啓発や助成など，男性の働き方を変えていく施策が必要です。

2）母親の育児不安

母親の育児不安は父親の育児関与の状況によって差がみられ，父親の育児関与の低い群は母親の育児不安が高いことがわかっています（柏木・若松，1994）。父親が育児に関わることは，父親としての発達や父子の関係形成にとって重要であるだけでなく，母親の育児感情を媒介として，子どもの発達にも影響を及ぼすと考えられます。

また，母親の育児不安は，母親自身の就労の有無と関連していることが複数の研究で明らかになっています。就労している母親は，仕事と子育ての両立に苦労し，葛藤や体力的な負担も大きいと考えられますが，自信の低下や焦りなどの育児不安は，就労していない母親の方が高いのです。母親が就労している家庭では父親の育児関与が高いこと，職場をはじめとする社会的ネットワークのなかでサポートが得られやすいこと，就労を通して自身のやりがいや居場所を確認できること，さらに保育の利用を通して物理的にも心理的にも子育て支援が得られること，などがその背景にあると考えられています。家庭で子育てに専念している母親に対しても，地域社会とのつながりや社会参加の機会が保障され，必要な支援が届けられることが重要です。

■演習課題

自分自身のライフコースを具体的に考えてみましょう。入学，卒業，就職，結婚，出産，子育て，親の介護，退職や再就職，転居などのライフイベントについて，
　(1) これまで何が起こってきたかを振り返り，
　(2) これからの自分の人生にどんなライフイベントを組み込みたいかを選択し，
　(3) それぞれどの時期（何歳ころ）に起こるか，
を具体的に考えて配置し，表にまとめることを通して，自分の人生を設計してみましょう。

【文献】
柏木惠子・若松素子（1994）「親となる」ことによる人格発達：生涯発達的視点から親を研究する試み　発達心理学研究, 5, 72-83.
国立社会保障・人口問題研究所（2011）「第14回出生動向基本調査（結婚と出産に関する全国調査）夫婦調査の結果概要」
西村純子（2014）女性の就業と子育て―就業キャリア研究の展開―　渡辺秀樹，竹ノ下弘久（編著）『越境する家族社会学』　学文社　p.37-54.
牧野カツコ（1993）『新社会学事典』「育児不安」の項　有斐閣　p.36.
牧野カツコ・渡辺秀樹・船橋惠子・中野洋恵編著（2010）国際比較にみる世界の家族と子育て　ミネルヴァ書房
松田茂樹（2013）少子化論―なぜまだ結婚・出産しやすい国にならないのか　勁草書房
吉村泰典（2013）間違いだらけの高齢出産　新潮社

【参考図書】
柏木惠子（2008）子どもが育つ条件―家族心理学から考える　岩波新書
武石恵美子編著（2012）国際比較の視点から日本のワークライフバランスを考える―働き方改革の実現と政策課題―　ミネルヴァ書房

II部　社会が家庭を支援するということ

5章　子育てへの社会的支援

Ⅱ部　社会が家庭を支援するということ

第1節　子育て支援政策の展開

　現代では家庭の子育て機能が弱まり，子どもの育ちや子育てを社会全体で支援していこうという動きが高まっています。本章では，子育てを社会的に支援するために必要な視点について学んでいきましょう。

　最初に，1990年代から現在までの子育て支援政策の展開を，3つの時期に分けて見ていきます。

1）1990年代〜少子化対策の始まり

　1990（平成2）年，前年の合計特殊出生率が過去最低を下回った「1.57ショック」をきっかけに，国は少子化対策に取り組むようになりました（図5-1）。1994（平成6）年には「エンゼルプラン」←1 と同時に「緊急保育対策等5か年事業」が発表され，保育所の量的拡大や低年齢児保育，延長保育等の充実が目標として定められました。1999年には「新エンゼルプラン」←2 が発表され，子育ての社会的支援という目標がより具体的に示されるようになりました。とはいえ，この時期の子育て支援政策は，主として出生率の上昇を目標とした少子化対策にとどまるものであったといえるでしょう。

2）2000年代〜総合的な子育て支援政策への転換

　2000年代には「総合的な子育て支援」への転換が始まります。2003（平成15）年には「少子化社会対策基本法」が制定され，内閣総理大臣を長とする少子化社会対策会議が設置されました。2004（平成16）年に発表された「子ども・子育て応援プラン」←3 は，保育だけではなく，若者の教育や自立，働き方の見直しなども含めた幅広い内容となりました。

　また，2003（平成15年）年に制定された「次世代育成支援対策推進法」では，地方自治体に子育て支援計画の策定が義務づけられ，国から地方自治体レベルにまで子育て支援の理念や事業が広く浸透して

➡1　正式名称は「今後の子育て支援のための施策の基本的方向について」。文部・厚生・労働・建設の4大臣合意で策定された少子化対策の具体的計画。

➡2　正式名称は「重点的に推進すべき少子化対策の具体的実施計画について」。大蔵・文部・厚生・労働・建設・自治の6大臣合意で策定された少子化対策の具体的計画。

➡3　正式名称は「少子化対策大綱に基づく重点施策の具体的実施計画について」。新新エンゼルプランともよばれる。

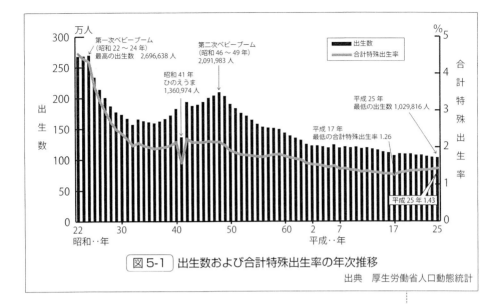

図5-1 出生数および合計特殊出生率の年次推移

出典　厚生労働省人口動態統計

いきました。

3) 2010年〜望ましい子育て支援の模索

2010年代に入り、子育て支援政策で重要視されるようになったのが、「当事者」の視点です。全国に広がった子育て支援のNPO関係者などから寄せられた意見を反映し、2010（平成22）年に「子ども・子育てビジョン」➡4が発表されました。また、長年の課題であった幼稚園と保育所を一元化するための議論も進み、「子ども・子育て新システム」➡5の検討が始まりました。

「保育に欠ける」家庭を対象としてきた保育・子育て支援制度は、すべての子どもを対象とする普遍的保育制度への転換期を迎えています。2012（平成24）年に「子ども・子育て支援法」が制定され、2015（平成27）年には「子ども・子育て支援新制度」がスタートしました。認定こども園の拡充や、家庭的保育、小規模保育などの地域型保育が創設され、質量ともに子どもの育ちを支える環境が整備されつつあります。

←4　少子化社会対策基本法にもとづく少子化社会対策大綱を5年ぶりに見直しし、子育て支援の方向性を示す総合的な計画。

←5　保育所と幼稚園を一体化する「こども園」構想など、子育てを社会全体で支援する新しい制度のこと。

Ⅱ部　社会が家庭を支援するということ

第2節　「働く母」と「専業母」

　日本では「子どもは母親の手で育てられるのが望ましい」という考え方が重要視され，1970年代半ばの高度経済成長期には専業主婦の割合が戦後最大となりました。しかし1990年代後半には，共働き世帯が専業主婦世帯を上回ったことがわかります（図5-2）。現在，乳幼児を育てる母親の間では，「働く母」と家庭で育児に専念する「専業母」がほぼ同じ割合を占めています。

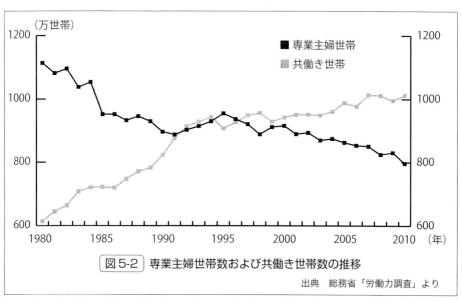

図5-2　専業主婦世帯数および共働き世帯数の推移

出典　総務省「労働力調査」より

➡6　介護休業等育児又は家族介護を行う労働者の福祉に関する法律（平成3年法律第76号）である。育児又は家族の介護を行う労働者の職業生活と家庭生活との両立が図られるよう支援することに

1）「働く母」への支援

　戦後，日本の保育政策は「救貧対策」として始まり，「保育に欠ける」子どもを保育所に措置する制度として発展しました。「働く母」の増加にともなって，仕事と子育ての両立支援が進められてはきましたが，保育所の待機児童問題はいまだ解決されていません。

　また，1975年には育児休業法[6]が成立し，現在では育児休業を取得した女性の割合は約8割にまで増加しました（男性は約2％にす

ぎません）。現在，働く親は育児休業を1年半まで取得することができますが，これを最長3年にする案も議論されています。

2）「専業母」への支援

家庭で育児に専念する「専業母」は，比較的恵まれた家庭として支援の対象とみなされてきませんでした。しかし，1990年代以降の少子化対策の中で，専業主婦の育児不安や負担の重さに焦点があてられるようになり，「専業母」への支援が行われるようになりました。理由を問われずに利用することができる「一時保育」や，地域で孤立してしまうことがないように，「ひろば」などの居場所やネットワークづくりなどが推進されています。

3）多様なライフコース[7]

この節では「働く母」と「専業母」のそれぞれについて支援の内容を見てきましたが，そもそも両者は断絶しているものではありません。女性の20代から30代までの年代は，結婚・出産・育児にあたる時期でもあり，いったん仕事を辞めて，育児が落ち着いた時期に再就職するのが典型的なライフコースでした。働く女性の割合を年代ごとにみると「M字型」の曲線を描くことが知られています（4章図4-1参照）。昭和50年から平成24年までを比較してみると，25歳から29歳，30歳から34歳の労働力率が上昇し，M字の底があがってきていることがわかります。女性のライフコースが多様化する中で，就業や子育てを自由に選択できることが望ましく，それを可能にする社会制度が求められています。

※ よって，その福祉を増進するとともに，あわせてわが国の経済及び社会の発展に資することを目的とする。

← 7 個人が生まれてから死ぬまでにたどる道筋のこと。

第3節　子育て中の居場所づくり

　この節では，実際に子どもを育てる母親や父親に対して，社会がどのような支援を行っているか見ていきましょう。現在，子どもを育てる親にとって，「ひろば」や「子育て支援センター」は親子で過ごす身近な居場所となっています。また，様々なNPOやボランティア団体が全国に広がり，重要な役割を担うようになりました。

1)「ひろば」の広がり

　「つどいの広場」事業は，子育て中の親と子が気軽に集える場所を作りたいという当事者たちの草の根運動から始まりました。NPO法人「びーのびーの」はその先駆的な例で，2002年に子育ての当事者である母親たち約20人が集まって，商店街の空き店舗を借りて「ひろば」の運営を始めました。この取り組みがモデルとして取り上げられ，行政との協働を通じて，全国に展開されていくこととなりました。

　現在，「ひろば」はNPOなどの多様な主体によって運営され，スタッフが常駐し，親子の見守り，相談や情報交換，親同士の交流のサポートをしています。コラムでは，「ひろば」を利用することで孤立感が解消され，子育てを楽しめるようになったAさんの事例を紹介しています。

2) 地域子育て支援の拠点

　「ひろば」が広まる以前から，保育所では，地域の子育て家庭に対する育児相談や子育てサークルなどへの支援を行ってきました。また，児童館や公民館などでも子育て支援が行われており，2007（平成19）年にはそれらの事業をまとめる形で地域子育て支援拠点事業[8]が創設されました。現在の事業数はひろば型2266か所，センター型3302か所，児童館型400か所にまで増加しています。

➡8　公共施設や保育所，児童館などの身近な場所で，乳幼児のいる子育て中の親子の交流や育児相談，情報提供などを実施する福祉事業。

> .... COLUMN ....
>
> 　Aさんは35歳の専業主婦で，現在2歳になる長男と，生後3か月の長女の子育てをしています。関西で生まれ育ったAさんでしたが，出産後は夫の転勤にともなって東京都T区に転居してきました。夫は子育てに関わりたいという気持ちはあるものの，仕事が忙しく休日出勤もしばしばです。実家は遠く，同じ年頃の子どもを育てるママ友もいない中，毎日24時間子どもと向かい合う生活に孤立感を強めていました。
> 　そのような中，Aさんは区の広報で「ひろば」があることを知り，通うようになりました。人付き合いがあまり得意ではないAさんも，常に誰かが温かく見守ってくれ，子ども同士が楽しそうに遊ぶ様子を見ると，孤立感や閉塞感もうすれていきました。また，ひろばを運営するNPOの活動にも興味を持つようになり，今後は自分もスタッフとして活動に関わってみたいという気持ちもでてきています。

　2013（平成25）年度からは，「一般型」，「地域機能強化型」，「連携型」として再編され，地域の子育て支援がさらに推進されることになりました。

3）「父親」への支援

　近年では，父親たちが自らNPOを立ち上げ，当事者の視点から父親を支援する動きが見られるようになっています。

　NPO法人「Fathering Japan（ファザーリングジャパン）」は，父親の子育てを支援することを目的として2006年に創設されました。「父親であることを楽しもう」という理念を掲げ，子育てパパ力検定（パパ検定）やファザーリングスクールの開催など，高い発信力をもとに活発な活動を展開しています。

　活動は全国に広がり，自治体の担当職員（男女共同参画，子ども家庭支援，社会教育，労働政策等）やNPO，企業，学校などの関係者が参加する全国フォーラムも開かれました。父親支援の現状や方法を全国の取り組みから学んだり，次に続く活動のヒントを提供したり，さらには連携のためのネットワーキングの場として機能しています。

Ⅱ部　社会が家庭を支援するということ

第4節　危機にさらされる子ども

　従来，家族は子どもの福祉を保障するという重要な役割を担ってきました。しかし現在では家族の形や価値観が多様化し，家庭の中で危機にさらされる子どもも少なくありません。

1）ひとり親世帯の増加

　母子世帯の数は1992（平成4）年に約48万世帯であったのが，2011（平成23）年には約76万世帯となり，ここ20年で1.6倍に増加しました。また父子世帯の数も8万4000世帯から9万6000世帯に増えています。

　母子世帯の平均年収は年間223万円で，経済的には厳しい状況にあります。それを補うために支給される手当が児童扶養手当[9]です。従来は母子世帯のみを対象としてきましたが，2011（平成22）年からは父子家庭にも支給されるようになりました。

　平成23年度全国母子世帯等調査によれば，ひとり親が子どものことで心配に思っていることで，母子世帯と父子世帯ともに1位は「教育・進学」で，2位「しつけ」となっています。また，ひとり親本人が困っていることで，母子世帯の場合は1位「家計」，2位「仕事」，3位「住居」であったのに対し，父子世帯では1位「家計」，2位「仕事」，3位「家事」となっており，母子世帯には住居の支援，父子世帯には家事の支援などが必要とされていることがわかります。

2）子どもの貧困

　経済発展を遂げた日本において，「貧困」[10]という言葉は身近なものではないかもしれません。しかし最近では，「子どもの貧困」という言葉を使って，現在の日本の子どもが直面する不利や困難を説明し，理解しようとする動きが広まっています。

　図5-3を見ると，子どもの貧困率は1980年代から増加傾向にある

➡9　父母が離婚するなどして，父または母の一方からしか養育を受けられないひとり親家庭の児童のために，地方自治体から支給される手当のこと。

➡10　教育，仕事，食料，保健医療，飲料水，住居，エネルギーなど最も基本的な物・サービスを手に入れられない状態のこと。

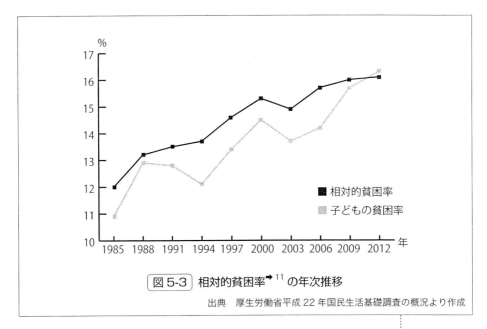

図 5-3　相対的貧困率[11]の年次推移
出典　厚生労働省平成 22 年国民生活基礎調査の概況より作成

ことがわかります。その主な要因は親の所得の悪化であり、それに加えて社会保障制度の防貧機能が低下していることが指摘されています。このような現状に対し、政府は 2014（平成 26）年 8 月に、貧困の世代間連鎖を断つという基本方針のもと、「子どもの貧困対策大綱」をまとめました。それを受けて、各自治体も貧困対策計画を策定することになっています。

　子どもの不利や困難、また将来への可能性・選択肢の制限と、家庭の経済状況の関係に注目することは重要です。しかし、子どもに関わる問題のすべてを「親の責任」として理解することは、困難な状況にある家族をいっそう追い込むことにもなりかねません。日本では子どもに対する社会的支出が決して多いとはいえないことからも、社会全体で子どもの困難を解決し、将来の生活や可能性を保障することが重要であると考えられます。

[11] 世帯所得をもとに、国民一人ひとりの所得を計算して順番に並べ、中央値となる所得の半分に満たない人の割合。

Ⅱ部　社会が家庭を支援するということ

第5節　重要性を増す社会的ケア

　児童相談所に寄せられる児童虐待の相談件数は年々増加しており，虐待によって児童養護施設や乳児院などの福祉施設に入所する子どもの数も増加傾向にあります。保育者としては，様々な福祉施設や専門職との連携が重要な課題となっています。

１）施設におけるケア

　図5-4は，児童養護施設や乳児院，母子生活支援施設などで暮らす児童の被虐待経験の有無を示したものです。戦後「孤児院」としてスタートした児童養護施設は，現在では保護者がいても家庭でケアを受けることができない子どもたちをケアする役割を担っています。また，図5-5が示すように，施設に入所する児童のうち，障害を持つ児童の割合も増加しており，よりいっそうきめ細やかなケアが求められています。

２）里親家庭への支援

　日本では，社会的養護[12]を必要とする子どものうち，施設への委託が約9割を占め，諸外国と比べても里親委託は少数でした。しかし近年では，より家庭的な環境のもとでケアを行うことが望ましいという理由から，施設の小規模化や里親委託が推進されるようになっています。

　現実には，受け入れた子どもの「試し行動」[13]や，社会的なまなざしの厳しさもあり，里親による虐待が後を絶たず，里親自身への支援が必要とされています。2002（平成14）年には専門里親制度の創設，2009（平成21）年度からは里親手当の引き上げや里親研修が義務化されました。

　近年，様々な理由によって家庭でケアを受けることが難しい子どもたちが増えており，時にはその家族を支えながら，社会全体でケアしていくことが求められています。

➡12　保護者がいない児童や，保護者に監護させることが適当でない児童を，公的責任で社会的に養育し，保護するとともに，養育に大きな困難を抱える家庭への支援を行うこと。

➡13　子どもが親・里親・教師などの保護者に対して，自分をどの程度まで受けとめてくれるのかを探るために，わざと困らせるような行動をとること。

5章　子育てへの社会的支援

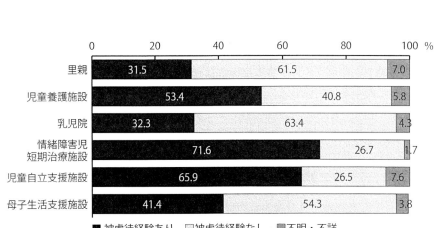

図5-4　施設入所児の被虐待経験の有無

出典　厚生労働省 児童養護施設入所児童等調査結果（平成20年2月1日現在）

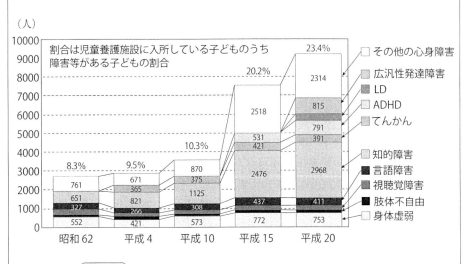

図5-5　児童養護施設における障害等のある児童数と種別

出典　厚生労働省 児童養護施設入所児童等調査結果（平成20年2月1日現在）

Ⅱ部　社会が家庭を支援するということ

第6節　子育ての社会化

　これまで見てきたように，子育て支援とは保護者の支援であるだけでなく，子どもが安心して健やかに生活できる場や方法が社会の中に多様な形で用意されているということに他なりません。最後の節では，年齢や世代の違いを超えたネットワークによる支えあいの重要性について見ていきましょう。

1）シニア世代による子育て支援

　都市部では待機児童問題も解消されておらず，働く親が祖母や退職して余裕のできた祖父に孫育てを託す例も少なくありません。最近では，男性シニアによる「イクジイ」や，祖父とソムリエをかけあわせた「ソフリエ」などの認定資格も生まれました。

　また，血縁によらない地域の支えあいとして，ファミリー・サポート・センター事業←14（ファミサポ）があります。これは子育てを援助したい人と援助してほしい人がペアを組み，有償で援助のやりとりを行うというもので，援助する側は50代，60代の子育てを終えた女性が主な担い手となっています。

➡14　地域において育児や介護の援助を受けたい人と行いたい人が会員となり，育児や介護について助け合う会員組織。（→7章 p.102）

2）多世代のネットワーク作り

　シニア世代による子育て支援には「子どものよき遊び相手」という役割も大きいのですが，親の「相談相手」や「子育てのよきモデル」としての役割も求められています。また，近年では子どもの育ちにとって多世代の交流が重要であるとの意識が高まり，シニア世代だけでなく，中学生や高校生，大学生といった若者による支援の取り組みも広がっています。

　しかしながら，様々な世代や立場の人々が関わる場合，子育てに関する価値観や考え方の違いから，ジレンマや葛藤が生じることも少なくありません。保育者には，親と子だけでなく，親，シニア世代，若者世代といった多世代の交流を促進するコーディネーター役としての

> ・・・・・・・・・・・・・・・・・・・・・・・・・・・・・・・・・COLUMN・・・・・・・
> ### 東日本大震災と地域ネットワーク
> 　宮城県亘理町(わたり)のC子育て支援センターでは，被害を受けた役所の業務や，保育所の受け入れが続き，約4か月間，地域の親子が集う場がなくなってしまったそうです。「どこにも居場所がない」という母親たちの声に応え，ひろばを何とか再開するために，仮設住宅に出向いて出前ひろばを開設することになりました。
> 　当初は職員のみで運営していましたが，避難所の手伝いや，次々と入れ替わる保育所の補助のため，すぐに人手が足りなくなってしまいました。そこで大きな力となったのが，地域のボランティアとして活動していた子育てサポーター[15]の存在です。その後は職員とサポーターがふたり一組になって，仮設住宅の集会所でひろばを運営し，様々な世代の人が交流できる場になったということです。

期待が大きいといえるでしょう。

　また，これらの取り組みは，当事者による市民活動であると同時に，必要とされることを行政に働きかけ，自治体との協働システムを形成しながら，地域づくりを目指す活動でもあります。

　保育所保育指針には，「様々な地域の資源を活用するためには，保育士等が日頃から身近な地域社会の実情をしっかりと把握しておくと同時に，地域から保育所の存在やその役割が認知され，子どもや保育について理解や親しみを持って見守られていることが前提となります」と述べられています。

[15] 子育てに関する悩みや不安を抱える親たちをサポートする，地域における子育て支援の担い手で，文部科学省の家庭教育に関する施策の「子育て支援ネットワークの充実」事業の一つである。対象者は子育て経験者など。

　図5-6は，子どもの健全育成を目的とするNPO法人数の推移を示したもので，この10年で約20倍に増加したことがわかります。子育てに関わるNPOが全国に広まる中で，保育者には，自らの専門性を活かして地域のネットワーク形成に貢献することが求められているのです。

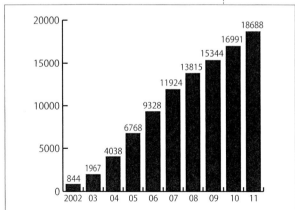

図5-6　子どもの健全育成を目的とするNPO法人数の推移
出典　井上（2014）内閣府ホームページより作成

■演習課題

1. エンゼルプラン,新エンゼルプラン,子ども・子育て応援プラン,子ども・子育てビジョンのそれぞれについて,ねらいや内容を調べて比較し,子育て支援政策の変化について考えてみましょう。

2. 育休を取得した男性の手記(書籍やブログなどを通じて)を読み,マイナス面とプラス面のそれぞれについてまとめてみましょう。

【文献】
阿部彩(2008)子どもの貧困　岩波書店
井上清美(2012)東日本大震災における子育て支援の要件－宮城県沿岸部での聞き取り調査を通じて　川口短期大学紀要 26：105-116
井上清美(2013)現代日本の母親規範と自己アイデンティティ　風間書房
井上清美(2014)「子育てと子どもの社会化」長津美代子,小澤千穂子編著　新しい家族関係学　建帛社
奥山千鶴子,大豆生田啓友,びーのびーの(2003)親たちが立ち上げた！おやこの広場びーのびーの——子育て支援NPO　ミネルヴァ書房
厚生労働省(2009)児童養護施設入所児童等調査結果
厚生労働省(2011)平成22年国民生活基礎調査
厚生労働省　人口動態統計
子どもの貧困白書編集委員会(2009)子どもの貧困白書　明石書店
総務省　労働力調査

6章　保育所における家庭支援のあり方

第1節　様々な保育サービス

1）一時保育，延長保育，病児・病後児保育

　保育所での一時保育とは，保護者のけがや病気，入院などにより家庭における育児が継続的に難しい場合や，保護者の育児疲れ解消などの理由により，緊急・一時的に保育が必要となる児童を受け入れるものです。

　延長保育は，保育所の開園時間である11時間を超えて子どもを預かる事業です。夜間保育では午後10時頃まで子どもを預かります。

　病児・病後児保育とは，子どもが病気中，または病気の回復期で集団保育が難しい場合，保育及び看護ケアを行う保育サービスです。病児は，医療機関に設置された専用のスペース，病後児は，保育所や地域の病後児保育室，ファミリー・サポート・センター事業（→7章p.102）会員の自宅などで預かることができます。対象となる子どもの年齢やどのような病状の子どもを受け入れるかという条件は，地域や施設によって異なります。

2）体験保育，園庭開放

　「保育所保育指針」「幼稚園教育要領」では，保育所や幼稚園が地域の子育て支援を担うこと，幼児期の教育のセンターとしての役割を担うことが明確に規定され，保育所，幼稚園のさらなる専門性の発揮が注目されています。地域の子育て支援として行われているのが，体験保育や園庭開放です。

　体験保育とは，地域の保護者と子どもが一緒に来園し，園の保育を体験してもらうものです。子どもは，園にいる子どもたちと交流しながら，色々な遊びを体験します。園によっては，給食を試食することもできます。保護者は子どもたちの遊ぶ姿や保育の様子を見ながら，

育児についての悩みを園長や保育士に相談できます。

　園庭開放とは，地域の子育てを支援するため，園庭など施設の一部を開放し，地域の保護者と子どもに身近で安全な遊びの場所を提供するもので，保護者に対して子育ての相談も行っています。

3）保護者の抱える育児不安

　近年，孤立する子育ての中で育児不安を抱える保護者，子どもに感情をぶつけるように関わる保護者，子どもを放任しておくことが多い保護者，気持ちが不安定な保護者などがよく見かけられるようになりました。ひとり親や若年層の保護者➡1，特別な支援を必要とする子どもや，虐待の疑いのある子どもも増加しています。

　例えば，夫の転勤地で，周囲に相談できるところもなく，子どもと母の2人だけという状態は，育児不安を引き起こすきっかけになることが多くあります。「どこにも相談するところがない」という母の不安な気持ちは子どもに伝わり，よく泣くようになって，母の育児不安がさらにひどくなる，という悪循環が生じることもあります。このような悪循環から虐待にいたるケースも少なくありません。

　こうした状況の中で保護者の抱える悩みや不安，ストレスがより大きくなり，うつ病や神経症などの心の病気を抱える保護者も目立つようになりました。

　特に，うつ病は不眠になりやすく，夜中や明け方，午前中に調子が悪くなります。このため，うつ病の保護者は朝の決まった時間に子どもを登園させることが難しくなります。保育者が安易に「登園時間を早くしてください」とお願いすることが，うつ病の母親にとっては大きなストレスになってしまうこともあります。

　このように精神疾患ごとに気をつける点がありますので，疾患の特徴について把握し，保護者に負担をかけないような対応をすることを心がけましょう。

⬅1　若年層の親は，親としての自覚が未熟なまま子育てに取り組むケースが多いため，「親育て」という視点からの支援が必要となる。特に，若年層の未熟な親が地域で孤立してしまった場合，ネグレクトが起こるリスクが高くなるため，注意が必要である。

第2節　保護者への対応

1）共感的理解

　送迎の際の立ち話でも,保護者にとっては「わかってもらえた」と感じる大事なひとときです。子どもの成長した点,楽しそうな様子や長所の話から入っていくと,保護者との信頼関係が作りやすくなります。子どもについて,園と保護者がともに考えていくという姿勢が保護者に伝わるように信頼関係を作っていくことが大切です。

　保護者からの悩みを聞く際には,共感的理解をもって話を「聴いていく」ことが大切です。共感的理解とは相手の気持ちに寄り添いつつ,話されたことを受け止め,理解することです。相手を理解していく際に,自分自身の価値観や社会的な価値観にとらわれず,相手の立場に立って気持ちを理解するようにします。

　子どもへの関わりが気になる保護者に対しては,保護者からさりげなく家庭の様子を聞くようにします。保護者自身の疲れやしんどさに共感して話を聴いていきます。保護者とともに子どもの成長を認め合うことで,保護者に子育ての喜びを実感してもらうことが大切です。

　子どものことで保育士に対して怒りの感情をぶつけ,攻撃的な苦情や欲求を突きつけてくる保護者もいます。そのようなときでも,ぶつけられる怒りの感情に巻き込まれずに,客観的に保護者の置かれている状況を考えてみましょう。保護者は,仕事上の悩みや,パートナーの協力が得られないなど,ストレスを背負い込んでいるかもしれません。保護者の言葉の奥の意味をよく考えて,気持ちを汲み取っていく視点が必要です。

　保護者に寄り添って共感する保育者の心遣いは,どのような形であれ保護者に伝わっています。保育者が真剣に保護者に向き合い,話を聴いていくと,話しているうちに保護者が自分で解決法を見つけてい

きます。他者に自分の悩みを受け止めてもらい，理解してもらうことによって，その人の中に本来ある解決する力が働き始めるからです。

2) 保護者と大切な話をする場合

　保護者と大切な話をする場合，立ち話ではなく，静かで話が漏れない場所や時間を設定したほうが，保護者も落ち着いて話をすることができます。話が長くなりすぎてしまうと，保護者に負担感が生じてしまうこともあります。相談時間を1時間と決め，最初にあらかじめ終了時間を設定しておくと，負担感もなく，話をまとめることができます。その時間内で話し終わることができないときは，また日を改めて定期的に聞いていくようにするとよいでしょう。

3) 守秘義務について

　保育者には，「業務上知りえた情報は，みだりにひとに漏らしてはいけない」という守秘義務→2 があります。保護者から相談された内容を他者に話してはいけないことになっています。守秘義務があることで，保護者は安心して相談することができるのです。しかし自分で受け止め切れない話を聞いてしまったとき，その内容を自分の心の中で抱えることができず，誰かに聞いてもらいたくなることがあるかもしれません。そのようなときは守秘義務を守ることができる園長や主任などに相談して，保護者への理解を深め，相談された内容を整理していきましょう。また，保育所の安全管理の上で，個人情報→3 を守るということも重要です。玄関など，誰が聞いているかわからないところで，保護者や子どもの家庭に関する話をしてしまい，関係のない保護者に話を聞かれてしまうことは個人情報をもらすことになります。子どもや保護者のことを話題にするときには，話が聞こえないように，環境に十分配慮しましょう。

　インターネット上に保育中の子どもの写真を載せることや，子どもの様子や職員のやり取りを書くということも，個人情報をもらすという点で，保育所の安全管理が問われる問題となります。実習の際にも，守秘義務や個人情報を守るように気をつけましょう。

←2　平成13年の児童福祉法の一部改正に伴う「保育士資格の国家資格化」により，法律で保育士の「守秘義務」が定められている。

←3　平成17年に個人情報保護法が施行された。保護者の職業や電話番号，子どもの発達，家庭の問題，保護者の悩みなどは，第三者に漏らしてはいけないことになっている。

第3節　地域の専門機関との連携　1

　保護者との相談の結果，地域の専門機関や専門家と連携し，困難な問題に対処することがあります。地域の専門機関と保護者をつなぐのも園の役割です。以下，園が連携することが多い専門機関，専門家を紹介します。

1）保健所，保健センター

➡4　保健所と保健センターの違い
地域保健法により，保健所は広域的・専門的な保健サービスを，市町村保健センターは直接住民に身近な保健サービスを実施すると定められている。

　保健所➡4の役割は広く，乳幼児から成人，高齢者までの心身の健康を支援する役割を担っています。保健師は妊娠中の両親学級，乳児家庭全戸訪問事業，乳幼児健診を行っており，児童虐待防止の中心的役割を担っています。乳幼児健康診査は心身の発育の節目となる4か月，10か月，1歳6か月，3歳の時期に行い，臨床心理士などの心理の専門家が発達相談を行います。そこで支援が必要な親子の経過観察を行い，障害などの疑いがある場合，適切な機関に紹介しています。

　保健所と園が連携をとる場合，園のある地区の担当保健師が来園し，子どもの様子を観察して助言をします。また，療育センターや児童相談所などの様々な機関と連携も行います。

2）療育相談センター，子ども発達センター

　地域における障害のある子どもの総合的な治療，教育，相談機関です。時間をかけて保護者の相談や子どもの発達状況を把握し，診断を行います。保育所に通いながら，週1回センターへ通所するという形で，併用することもあります。

　入園してくる子どもが，療育センターに通所している場合は，保護者の了解を得て連携を取りましょう。できればセンターに出向き，担当者と顔を合わせる機会を作っておくと，その後の連携が取りやすくなります。また，入園と同時にセンターへの通所をやめないように保護者に伝え，継続して相談してもらうようにします。

3）児童相談所

　児童福祉法第12条に基づき各都道府県に設置されている児童福祉の専門機関です。0歳から18歳未満の子どもに関する相談を受け，子どもや家庭を援助する機関です。子ども本人，家族，親族，学校，保育所などからの相談に応じています。都道府県の規模や地理的状況に応じて，複数の児童相談所や支所を設置しています。

　児童相談所では，子どもの障害に関して心理判定員の検査や医師の診断を基に療育手帳➡5を交付し，利用できる施設への紹介を行います。虐待問題について中心となる機関であり，保健所や園と連携をとりながら対応します。保育所，幼稚園，子ども園には，通園している乳幼児に児童虐待の疑いがある場合に，児童相談所に連絡，相談しなければならないという通告義務があります。児童福祉法第25条の規定により，通告義務は守秘義務違反に当たらないことが明記されています。このため，通告義務は守秘義務よりも優先されます。

4）児童家庭支援センター

　児童福祉施設に設置された児童福祉の専門援助機関で地域や家庭からの相談を24時間受けつけています。困難事例を児童相談所に確実に繋ぐという，児童相談所機能を補完する役割を果たし，地域における連携支援のコーディネートや助言を行っています。

5）地域子育て支援施設（子育て支援サロン）

　主に未就園の子どもと親が気軽に集い，交流したり，相談したり，情報を得たりする場です。地域の保健所と連携しています。

　地域子育て支援施設は，地域の子育て資源に精通した「子育て支援コーディネーター」を設置しています。コーディネーターは，様々な背景を持つ子育て家庭の保護者の話を聴き，適した子育て支援サービスを紹介する形で支援を行います。専門機関よりも敷居が低く，気軽に相談ができるところなので，専門機関へつながる第一歩として活用されています。

←5　知的障害児・者に都道府県知事が発行する障害者手帳のこと。手帳を取得することで，児童相談所をはじめとする様々な支援機関から，一貫した指導・相談等が行われ，各種の援助措置を受けやすくなる。18歳未満は児童相談所，18歳以上は知的障害者更生相談所が判定を行う。

第4節　地域の専門機関との連携　2

1）保育所巡回指導

　障害児や虐待の恐れのある子どもへの支援事業の1つで，臨床心理士等の専門家が行政機関から委託を受けて地域の園を定期的に巡回して保育臨床相談を行うものです。保育所への支援を中心に行われていましたが，幼稚園や認定子ども園にも広がってきています。

　巡回指導員は，保育中の子どもを丁寧に観察し，子どもの思いをくみとりながら直接関わることで，子どもの現状の姿を読み取って発達を評価し，保育の中での問題を探っていきます。現場での行動観察だけではなく，発達検査◆6 も必要に応じて行います。子どもにとっては日常の環境の中で検査が行われるためリラックスして臨めるので，専門機関に出向いて検査を受けるよりも実力が発揮しやすいというメリットもあります。担任の保育者も検査場面に同席して，子どもの理解を深めることもできます。

　また，巡回指導員を交えて職員全体が参加する保育カンファレンスを行い，園での共通理解が図られます。カンファレンスの中で巡回指導員は，意見交換から保育者の「気づき」を引き出し，保育の方向性や取り組みを共に考えていきます。

➡6　巡回指導で行われる発達検査は田中ビネー式検査，新版K式発達検査，WISC－IV知能検査などがある。

2）保育カウンセラー

　保育カウンセラーは，園の保育を観察して子どもや保護者の様子を把握し発達の評価をします。子どもや保護者の気持ちや状況の理解，対応について臨床心理学の立場からアドバイスし，具体的な支援の仕方を保育者と一緒に考えます。保護者の相談も行います。市区町村が保育カウンセラーを園に派遣している場合と，民間の保育所が相談室を設け独自に保育カウンセラーを配置する場合があります。

·· COLUMN ········
ある保育所巡回指導の一日

　相談員は月に1回，9時に保育所を訪問します。まず，園長先生から継続して見ている子どもたちの報告を受けます。この日は，乳児クラスから新しくA君を見てほしいという依頼がありました。児童票➡7を見て，出産時の問題や大きな事故や病気をしたことがないか，成長の過程，家庭の様子などをチェックします。そしてクラスへ行き，担任から話を聞き，A君の様子を関わりながら観察します。A君は目が合いにくく，声かけがわからないなど気になる様子が見られたので，継続的に見ていくリストに加えることにしました。その後，年少クラス，年中クラスと見ていきます。食事は年長クラスのADHDの疑いのある子どもの隣で観察を兼ねて一緒に食べます。1時からの子どもたちのお昼寝の時間に，全職員で保育カンファレンスを行います。担任の発表をもとに問題点を理解し，今後の保育方針について話し合います。巡回指導員は，担任が意欲的に保育に取り組めるよう，保育士の大変さに寄り添いつつ，子どもの理解や対応について話し合いを進めていきます。カンファレンス後は，保護者と面談して地域の療育センターを紹介したり，大変なケースの担任と個別に対応を話し合うこともあります。

3）発達障害者支援センター

　発達障害の本人，家族，保育士や教員など発達障害児・者を支援するすべての人の相談に応じます。発達障害児・者が利用できる地域の支援機関に精通して，相談を踏まえて直接的な支援ができる機関を紹介します。発達障害理解のための研修会も行っています。

4）児童精神科，小児神経科，子ども発達クリニック

　障害がある程度明確な場合，医療的な対応が必要な場合に紹介します。保健所や園の嘱託医，かかりつけの医師から紹介されるケースが多く，子どもの障害の診断や発達の評価，相談を行います。

5）教育センター

　市区町村の教育委員会に属する相談機関です。教育，心理の専門相談員がおり，不登校の対応などの教育相談，発達の遅れや障害のある子どもの生活，学習，指導についての相談，特別な支援が必要な子どもの就学相談を行っています。

◀7　入園している子どもの，家庭の状況及び保育経過を記録してある書類。担任は，一年間の子どもの発達する姿を評価し，児童票に記載する。身体に関すること（家族構成，出生時の体重，予防接種や感染症にかかったかどうか），運動機能，精神発達についてなどが主な記載内容となる。

第5節　保育カンファレンス

1）保育カンファレンスと記録のまとめ方

　保育カンファレンスは，職員間で子どもの情報を共有し，子どもの理解を深め，保育の方向性や取り組みを共に考えるために行います。巡回指導員や保健所，療育センターの担当者を交えて行われることもあります。

　カンファレンスにおいてクラス担任は，気になる子どもの様子や対応の仕方，悩んでいることについて発表します。その際に，その子どもの日々の記録を整理した資料を作成します。資料の最初に子どもの背景をまとめて書きます。児童票を参考にして，家族構成（ジェノグラムを用いるとわかりやすくまとめられます），出生時の状況や，生育歴，保育経過を要約して書きます。

　子どもの現状や問題点については，日々の保育記録から何月何日このようなことが起こった，という形でまとめることが基本です。生活習慣，言葉の発達，保育士との関係，友達との関係などの項目にまとめて整理していく方法もあります。また，遠城寺式乳幼児分析的発達検査法や津守式乳幼児精神発達質問紙など，園でも簡単にできる発達検査や気になる子どもの行動チェックリスト（黒澤，2008／2009）を用いると，発達の状況を的確に把握することができ，わかりやすく客観的な情報を提供できます。

　カンファレンスはその子どもの行動の特徴について全職員が共通理解を持ち，担任の保育士の大変さに共感し，努力している点を評価しつつ，今後，その子どもの成長を促していけるような関わりについて皆で考えていくという方針で進めていきます。担任は，自分の視野になかった多面的な視点が得られるほか，大変さを分かち合うことで，担任が日ごろ感じていた心理的な負担を軽くすることができます。

6章　保育所における家庭支援のあり方

> .... COLUMN ....
> ### ジェノグラムの書き方
>
> 　保育カンファレンスで発表する資料を作成するとき，ジェノグラムを用いると家族関係をわかりやすく示すことができます。ジェノグラムの書き方は以下の通りです。
>
> ①男性は□，女性は○で示し，縦または横に書いていきます。②関わっている子どもや保護者は◎や回で示します。③亡くなっている方は○や□の中に×を入れて示します。④年齢を書きます。年長者が左になります。⑤離婚している場合は，婚姻の横線に「//」を引き，離婚年月日を書きます。⑥同居している家族を線で囲みます。
>
>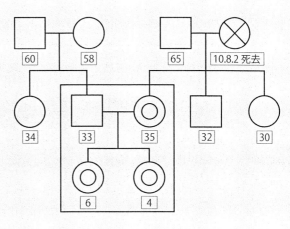

　巡回指導の際の保育カンファレンスでは，指導員に園の様子を見てもらったうえで，担任が子どもの様子を資料にまとめて発表し，関わり方や成長を話し合います。特別な支援が必要な子どもの保育にはクラスを越えて対応しなければいけない事態も生じてきますので，園全体で体制を整えていくことが大切となります。

2）コンサルテーション

　保育士と臨床心理士や保健師など異なった専門家同士が連携をとって支援が必要な子どものことについて情報交換を行い，対応を考えていくことをコンサルテーションといいます。両者の関係は，指導してもらうものという関係ではなく，相互の相手の専門性を尊重し，保育の中で目指す方向や関わりについて確認しあうというものです。

　保育現場は専門家から指導を受けることを期待して連携している場合がありますが，保育士と専門家が互いの専門性について理解を深め，専門家同士として対等な立場で連携し，困難なケースに対して互いの専門性を生かして協働していく必要があります。

第6節　専門機関への紹介の仕方

1）気になる子どもについて

　保育の場で、「気になる」子どもが問題となってきています。気になる子どもとは知的な面で顕著な遅れはないものの、他児とのトラブルが多い、多動である、注意がそれやすい、ルールを破って自分勝手にふるまうなどの特徴があります。後に発達障害[8]と診断されることが多い子どもたちです。虐待の疑いのある子どもも含まれます。

　入園後、問題行動の多さから「気になる子どもかな？」と思っても、すぐに保護者に問題を指摘することはしないようにします。まず、児童票からその子どもの生育歴や家族背景、これまでの記録を確認し、保育者自身がその子どもについての理解を深めるようにしましょう。記録をまとめて園長や主任に相談し、保育カンファレンスで発表するなど他者からの視点も加えて、子どもの理解を深めていきます。特別な支援を必要とする子どもへの保育は、子どもの内面理解、保護者への関わり、専門機関への連携など、担任1人では抱えきれません。全職員で関わっていくという園の姿勢が重要です。

2）トラブルを保護者に説明するとき

　気になる子どもと他児のトラブルがあったときは、保護者にトラブルの状況を丁寧に説明し、子どもの気持ちを理解して話をすることで、保護者の疑問や悩みに答えていきます。話し合いの中では、園での様子と取り組みを具体的に伝え、それに対する保護者の要望を聞くことを通して、家庭での取り組みについてうかがいます。

　連絡帳にトラブルのことについて書くときは、そのトラブルの背景や今後の対応などを合わせて書くようにするとよいでしょう。連絡帳は、あとで読み返すことができるものです。保護者が子どもの長所を

➡8　子どもの発達において、社会性や学習面など特定の発達領域に生じた障害を指す。自閉症スペクトラム障害（ASD）、学習障害（LD）、注意欠陥多動性障害（ADHD）その他、これに類する脳機能の障害と定義されています。（10章参照）

6章　保育所における家庭支援のあり方

> COLUMN
> **複数の機関が連携して支援したケースの実際**
> （プライバシーに配慮し，よくあるケースを組み合わせて再現しています）
>
> 　B君は1歳のときに保育所に入園しました。2歳のとき，指示が分からず，言葉が出ないということで，巡回指導を受けることになりました。巡回指導員からは，目が合いにくく，耳から情報を得ることは苦手のようだという指摘を受け，写真や絵を用いた視覚的な手がかりを保育に取り入れることになりました。3歳のときに「バイバイ」「ちょうだい」が分かり，発語も少しずつ増えてきました。3歳児健診では，経過観察→9となり，医療機関を紹介されて受診しました。4歳のとき，担任の勧めで巡回指導員と母親の個別面接を行うことになりました。面談を通して指導員は，母の不安を定期的に聞き，成長してきているB君に専門的な関わりをしてくれる所として，療育センターを紹介しました。センターに週1回行きはじめてから，母の不安も解消され，B君もセンターへ行くのを楽しみにしています。また，センターから母経由で検査結果やアドバイスをいただき，B君の保育に生かしています。

しっかりとイメージできるように，日々の子どもの成長や長所も書くようにします。できないことを書くときは，それをできるようにしていく取り組みについて書くようにします。

3）専門機関への紹介

　保育者が保護者に保健所などの専門機関への受診を勧めても，受診しようとしないケースもあります。園長や主任が同席して受診の話をしたり，巡回指導員に同席してもらうという方法もあります。

　専門機関へ行くことによって，子どもの成長にどのようなメリットがあるのかということを具体的に話して受診を勧めていきます。障害の判定・告知については専門機関に任せましょう。保育者としては子どもの成長のために必要と思っていても，保護者は，障害の可能性を認めることが難しく，自分を責めるようなマイナスの感情を抱えているかもしれません。このような理由から受診を拒む保護者に対して無理に受診を勧めると，これまで築いてきた信頼関係が壊れてしまうこともあります。保護者を見守りつつ，保護者が動く「時」を待つことが必要なケースもあります。

←9　保健所が行う健康診断の結果，子どもの心身の発達上，引き続き指導の必要があるケースについて，状態に応じて1か月から3か月に1回程度，定期的に保健所へ来談してもらうことです。

Ⅱ部　社会が家庭を支援するということ

■演習課題

1. コラムのジェノグラムを参考にして，自分の家族のジェノグラムを書いてみましょう。

2. 以下の事例で，保護者はどのような気持ちでいるのか，どのような見通しを持って保護者に声をかけたらよいか，考えてみましょう。

> 2歳のC君は，落ち着きがなく，走り回ることが多い子どもです。おもちゃを投げたり，クラスを飛び出してしまうことがありました。音楽に合わせて体操をするときの走る場面で，走るうちに興奮してしまい，他児を押してしまうことがありました。そのような場面では，保育士が側について興奮を抑えるように関わっています。母は，いつもサッと帰ってしまい，母から担任と話そうとしたことはありません。

【文献】
黒澤礼子（2008）幼児期の発達障害に気づいて・育てる完全ガイド（健康ライブラリースペシャル）講談社
黒澤礼子（2009）赤ちゃんの発達障害に気づいて・育てる完全ガイド（健康ライブラリースペシャル）講談社
酒井幸子・田中康雄（2013）発達が気になる子の個別の指導計画：保育園・幼稚園で今日からできる！（Gakken保育Books）　学研
本郷一夫，杉村僚子，平川久美子，平河昌宏，飯島典子（2010）「気になる」子どもの保育と保護者支援　建帛社
丸山美和子（2008）保育現場に生かす『気になる子ども』の保育・保護者支援（保育が好きになる実践シリーズ）　かもがわ出版
水野智美・徳田克己（2011）保育者が自信をもって実践するための気になる子どもの運動会・発表会の進め方　福村出版

7章　支援のネットワーク

II部　社会が家庭を支援するということ

第1節　地域子育て支援拠点事業

　今日の日本社会では，少子化の進行や核家族の増加に加え，共働き家庭の増加，離婚などによる家族形態の多様化，地域社会の子育て力の低下などもあり，子育てに対し孤立感や負担感を感じる保護者が増えています。こうしたすべての子育て家庭を支援するため，地域にはその拠点となるような組織や様々な機関があり，それぞれに独立した専門性と役割を持っています。

1）子育て支援センター（子ども家庭支援センター）

　子育て支援センターは，急速な高齢化と少子化による社会の活力低下を懸念し，少子化をくいとめ，安心して子どもを生み育てることのできる社会の実現に向けて政府が打ち出したエンゼルプラン（1994

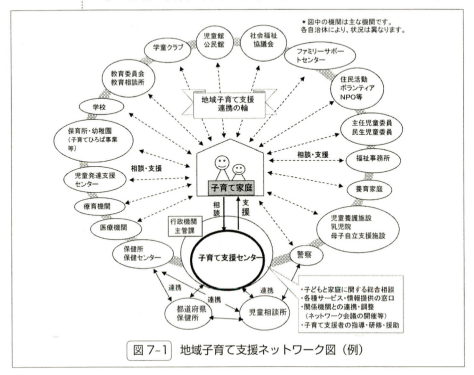

図7-1　地域子育て支援ネットワーク図（例）

年),新エンゼルプラン(1999年),子ども・子育て応援プラン(2004年)などの一連の子育て支援政策を受け,各自治体が主体となり創設されました。自治体や地域,設置までの経緯や運営体制により特色に違いはありますが,基本的な役割と特徴は次の5点になります。①すべての子どもと家庭を対象にする,②子どもと家庭に関するあらゆる相談に応じる,③子どもと家庭の問題へ適切に対応する,④地域の子育て支援活動を推進する,⑤子どもと家庭支援のネットワークをつくる(「子ども家庭支援センターガイドライン」東京都福祉保健局少子社会対策本部, 2005)。

　子育てをめぐる問題は実に多様で,抱える問題によって支援機関が複数にまたがるケースも珍しくありません。支援を必要とする家庭の状況に応じ,これらの機関が互いに連携しあうことで,より多角的な視点でその家庭の問題をとらえ,必要かつ適切な支援が行えます。スムースな連携のためにも,各機関は情報交換やネットワーク会議などを通じ,日頃より信頼関係を築いておく必要があります(図7-1)。

2) 地域子育て支援事業の充実化

　地域子育て支援拠点事業は,子育て支援センター事業に代表されるように地域のすべての子育て中の親子の交流促進や育児相談などを実施し,子育ての孤立感や負担感の解消を図ってきました。2012年には「子ども・子育て支援法」が成立し,子育て家庭が必要な支援や事業を選択できるよう,さらに2013年度からは機能別に再編・強化し地域子育て支援事業の拡充が図られることになっています(図7-2)。

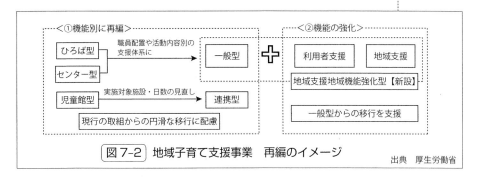

図7-2 地域子育て支援事業　再編のイメージ

出典　厚生労働省

Ⅱ部　社会が家庭を支援するということ

第2節　地域と家庭
—家庭を支えるネットワーク

　これまで述べてきたように，地域には家庭を支える様々なネットワークがあります。ここでは子育て支援センター以外に，近年，各自治体で取り組まれている子育て支援事業をいくつか取り上げます。

1）ファミリー・サポート・センター

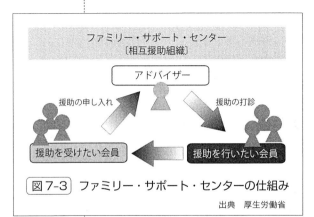

図7-3　ファミリー・サポート・センターの仕組み
出典　厚生労働省

　ファミリー・サポート・センターとは，地域において児童の預かりや送迎などの育児の援助を受けたい人と援助を行いたい人が会員登録し，相互に助け合う会員組織です。ファミリー・サポート・センターでは，図7-3のように援助を希望する会員の要望を受け，援助を行いたい会員との連絡および調整をします。援助を行う側の会員になるのに保育士などの専門資格は必要なく，援助を希望する側が別の機会には援助を行うことも可能で，地域における相互の助け合い制度として定着しつつあります。

　この他，ファミリー・サポートと同様に地域のマンパワーを活かした支援事業に，児童館の子育てひろばや自治体が主催する託児付きの講座などで保育を行う「子育てボランティア（サポーター）」事業などもあります。希望者は自治体が行う養成講座を受講すれば誰でもボランティア活動を行うことができます。

　さらに，ここに挙げた事業以外にショートステイ[1]やトワイライト[2]など，家庭の事情に応じた子育て・生活支援事業があります。

→1　保護者の病気や出産，出張などにより一時的に養育が困難な場合や家族の精神的・身体的な負担の軽減が必要な場合に，児童養護施設などに短期間入所して養育を受けるサービス。
→2　仕事などで平日の夜間や休日に保護者が不在で家庭において児童を養護することが困難な場合に，その

> .... COLUMN ....
> 「子育て支援マップ」の作成
> 　子育て中の家庭にとって役に立つと好評なのが「子育て支援マップ」です。自分が住んでいる地域のどこに何があるのか，たとえば「段差が少ない」「授乳やオムツを交換する場所がある」「子ども向けのサービスがある」など，子育て中の当事者による情報が地図上に書きこまれており，ひと目見ればわかるよう工夫されています。
> 　近年では，各自治体や特定の鉄道沿線など交通の便に合わせた「お出かけマップ」なども作成されています。また，作成に当たって自治体がバックアップする形で，子育て中の親が集まり，手作りで作成するケースも増えています。こうした活動は，マップの作成過程を通じて参加者同士が交流を深め，子育てに関する苦労を共有するなど，作成作業そのものが子育て支援の一環ともなっています。

2) 児童発達支援センター，児童発達支援事業

　従来の障がい児支援は障がいの種別に応じて分かれた施設で行われてきました。「障害者自立支援法」に基づき市町村で実施されている「児童デイサービス」，児童福祉法に基づいて都道府県で行われている障がい別の通園施設における「通所サービス」，障がい別の入所施設における「入所サービス」がその主なものです。その後，2012年に法が改正され，18歳未満の障がい児に関しては児童福祉法に，18歳以上の障がい者に関しては「障害者自立支援法」に一本化されることになりました。その結果，障がい種別ごとに分かれていた施設体系から，通所・入所の利用形態別による一元化が実施され，身近な地域においてどの障がいに対しても支援が受けられるようにするとともに，障がいの特性に応じた専門的な支援についても提供できるよう，質の確保を図ることとなりました。特に通所については，できる限り事業の量的拡大を目指し，重症心身障がい児者に関しては，子どもも大人も一貫した専門的な支援の確保を目指すこととしています。今後，児童発達支援は児童福祉施設と定義される「児童発達支援センター」とそれ以外の「児童発達支援事業」の2類型に分けられ，「児童発達支援センター」は地域の療育支援施設の中核として，施設の持つ専門機能を地域の障がい児やその家族への相談や障がい児を預かる施設への援助・助言を合わせて行うこととなります。

> 児童を児童養護施設などで預かり生活指導，食事の提供などを行うサービス。

第3節　地域と子ども
——子どもの「居場所」づくり

　近年，地域では様々な子どもの「居場所」づくりとその充実化が進められています。ここではそのいくつかを取り上げます。

1）学童保育[3]（放課後児童クラブ）

　近年，共働き家庭やひとり親家庭が増加していることもあり，学童保育を必要とする児童は増え続けています。国では2010年に「子ども・子育てビジョン」を策定し，学童保育の受入児童数を増やすという方針を打ち出していますが，量的にも質的にもまだまだ受容に追いついていないのが現状です。さらに最低基準が決められていないなど，法制度としても保育制度に比べて不十分であり，早急な法整備などの抜本的な改善策が望まれます。

　学童期という心も体も大きく成長していく時期において，学童保育は子どもたちにとって家庭に代わる「生活の場」であり，そのすこやかな成長に果たす役割は重要です。しかし，子どもたちの保育に携わる指導員に公的な資格制度はなく，約7割の指導員が保育士または教諭などの資格を持っているものの（2005年学童保育指導員の実態調査），正規職員が少なく，その他の労働条件においても多くの改善が急務とされています。また，指導員研修は各自治体任せであり，保育内容の充実や向上のためにも，こうした研修制度の改善や充実も強く求められています。

2）児童館

　児童館とは児童厚生施設の1つで，遊びを通して，子どもたちを健康で心豊かに育てていくことを目的としている施設です。これまでは乳幼児とその保護者や小学生が利用する場所というイメージが強かった児童館ですが，2007年に文部科学省と厚生労働省が連携して創設

→3　学童保育とは「保護者が労働等により昼間家庭にいない小学校に就学しているおおむね10歳未満の児童（放課後児童）に対し，授業の終了後に児童館等を利用して適切な遊びおよび生活の場を与えて，その健全な育成を図るもの（厚生労働省）」。
（→9章 pp.158-159）

した「放課後子どもプラン」に基づき，地域社会で放課後や週末などに子どもたちが安全に安心して過ごすことのできる「居場所」としての役割が重要視されるようになってきました。特にこれまではあまり対象として意識されてこなかった中学生・高校生の「居場所」としても積極的に活用する自治体が増えています。主に小学生が退館した夕方以降の時間に，卓球やバスケットボール，将棋やオセロ，バンド練習などの自分たちが楽しむ活動のほか，児童館の行事運営に参加して小学生をサポートするなどの取り組みを行っているところもあります。

3）フリースペース，冒険遊び場

「フリースペース」は，様々な理由により学校に行けない・行かない子どもたちや，家庭・地域の中に「居場所」を見いだせない子どもや若者たちが集う場所です。これまでにも従来の学校とは異なる学びの場として「フリースクール」と呼ばれるものがあり，不登校の子どもたちの「居場所」の1つとなってきました。それに対して「フリースペース」は，まず「居場所」であることを意識したものとなっています。ここでは，何よりも子どもたち自身の思いが尊重され，子どもたちは来たいときに訪れ，帰りたいときに帰ることを基本にしています。また，何をしてどのように過ごすかも子どもたち自身に委ねられています。このように一人ひとりがそれぞれのペースでありのままを受容され尊重される体験をとおし，子どもたちは「自分」を大切にすることができるようになっていきます。不登校や引きこもりが社会的な問題となっている今日，こうした「居場所」が静かに地域に広がり始めています。

このほか，遊びの拠点としての子どもの「居場所」に「冒険遊び場（プレーパーク）」があります。「自分の責任で自由に遊ぶ」をモットーに，自然がそのまま残された公園などを拠点に，子どもたちに「たっぷりとゆたかな遊びを」保証する場として，地域のボランティアに支えられながら運営されています。

Ⅱ部　社会が家庭を支援するということ

第4節　市町村における地域ネットワークの構築

　これまで見てきたように，地域には子どもと家庭に関わる多種多様な関係機関があり，様々な子育て支援策が展開されていますが，近年の子どもや家庭に関する様々な問題は複雑で広範囲にわたっていることが多く，1つの機関の単一の支援サービスによる対応のみでは解決が困難なケースが増加しています。そこで，福祉，教育，保健，医療，司法など様々な領域の関係機関が，それぞれの持つ機能や専門性を生かし，連携・協働し，子どもと家庭を支援するための地域ネットワークを構築していくことが求められるようになりました。

1）子どもを守る地域ネットワーク（要保護児童対策協議会）

　子どもを守る地域ネットワーク（要保護児童対策協議会）は，地域の関係機関が連携して児童虐待などの要保護児童問題に対応するための組織として，平成16年の児童福祉法改正により法定化され，現在ほぼすべての市町村で設置されています。このネットワークの設置により，それぞれの地域の関係機関が子どもとその家庭に関する情報や考え方を共有し，支援内容について協議し，適切な連携を行っていくことが目指されています。

　支援の対象となる「要保護児童等」←4 とは，虐待を受けた児童に限らず，非行問題をかかえる児童なども含まれます。

　子どもを守る地域ネットワークを構成するメンバーを表7-1に示しましたが，これ以外にも地域の実情に合わせて幅広いメンバーを会議に参加させられることになっています。個人情報が共有されやすいように，構成員には守秘義務が課せられています。このネットワークで行われる会議には，個別の事例について担当者レベルで適時検討する会議（個別ケース検討会議）だけでなく，構成員の代表者による会議（代表者会議）や実務担当者による会議（実務者会議）もあり，日頃から各構成員間の「顔の見える関係」づくりが目指されています。また，要保護児童等への具体的な支援として，個別ケース検討会議で話

➡4
①要保護児童：保護者のない児童又は保護者に監護させることが不適当であると認められる児童（児童福祉法第6条の2第8項）およびその保護者
②要支援児童：保護者の養育を支援することが特に必要と認められる児童（児童福祉法第6条の2第5項）およびその保護者
③特定妊婦：出産後の養育について出産前において支援を行うことが特に必要と認められる妊婦（児童福祉法第6条の2第5項）

表7-1 子どもを守る地域ネットワークの構成員

児童福祉関係	市町村の児童福祉・母子保健等の担当部局，児童相談所，福祉事務所（家庭児童相談室），保育所（地域子育て支援センター），児童養護施設等の児童福祉施設，児童家庭支援センター，里親，児童館，民生・児童委員協議会，主任児童委員，民生・児童委員，社会福祉士，社会福祉協議会
保健医療関係	市町村保健センター，保健所，地区医師会，地区歯科医師会，地区看護協会，医療機関，医師，歯科医師，保健師，助産師，看護師，精神保健福祉士，カウンセラー（臨床心理士等）
教育関係	教育委員会，幼稚園，小学校，中学校，高等学校，盲学校，聾学校，養護学校等の学校
警察・司法関係	警察（警視庁及び道府県警察本部・警察署），弁護士会，弁護士
人権擁護関係	法務局，人権擁護委員
配偶者からの暴力関係	配偶者暴力相談センター等配偶者からの暴力に対応している機関
その他	ＮＰＯ，ボランティア，民間団体等

出典　厚生労働省「要保護児童対策地域協議会設置・運営指針について」

し合われた方向性をもとに，各関係機関・関係職種が支援に必要な役割分担をし，子どもとその保護者に対する地域ネットワークによる支援を行います。このような子どもを守る地域ネットワークの機能が十分に果たされることによって，以下のことが期待できます（厚生労働省雇用均等・児童家庭局，2010）。

①要保護児童等を早期に発見することができる。
②要保護児童等に対し，迅速に支援を開始することができる。
③各関係機関等が連携を取り合うことで情報の共有化が図られる。
④情報の共有化を通じて，それぞれの関係機関等の間で，それぞれの役割分担について共通の理解を得ることができる。
⑤関係機関等の役割分担を通じて，それぞれの機関が責任をもって関わることのできる体制づくりができる。
⑥情報の共有化を通じて，関係機関等が同一の認識の下に，役割分担しながら支援を行うため，支援を受ける家庭にとってより良い支援が受けられやすくなる。
⑦関係機関等が分担をしあって個別の事例に関わることで，それぞれ

の機関の限界や大変さを分かち合うことができる。

2）市町村の役割と児童相談所との関係

平成16年の児童福祉法改正以降，児童家庭相談について市町村と児童相談所の役割分担が行われるようになりました。すなわち，要保護性の高い困難な事例については児童相談所が対応し，必要に応じて社会的養護のシステムに結びつけられます。一方，比較的軽微なケースについては市町村の地域ネットワークで対応し，児童相談所がこれを後方から支援していきます。施設入所などの社会的養護のシステムにいったん結びついたケースであっても，退所して家庭復帰した後に

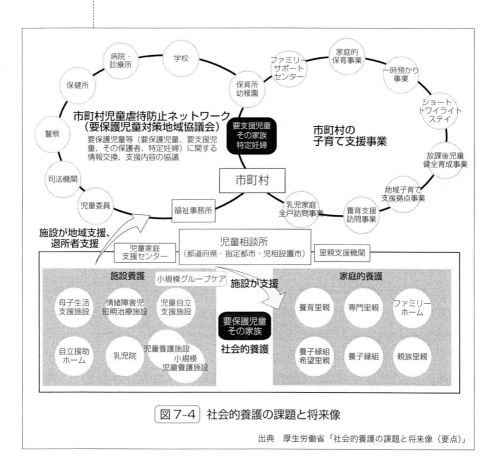

図7-4 社会的養護の課題と将来像

出典　厚生労働省「社会的養護の課題と将来像（要点）」

7章　支援のネットワーク

は，施設によるアフターケアとともに市町村のネットワークによる見守りなどの地域における継続的支援を行っていく必要があります。このように，市町村のネットワークと社会的養護のシステムが互いにつながりをもって，トータルな支援プロセスを保障していくことが目指されています。

COLUMN

養育支援訪問事業

市町村の行う子育て支援事業のうち，養育支援訪問事業は，乳児家庭全戸訪問事業などによって把握された支援が必要と認められる家庭に，保健師・助産師・保育士等が訪問し，養育に関する相談，指導，助言その他必要な支援を行うものです。具体的には以下のように子どもを守る地域ネットワークと同様の家庭を対象としています。

・若年の妊婦，望まない妊娠など，妊娠期から継続支援を必要とする家庭
・出産後間もない時期，子育てに対して強い不安や孤立感などを抱える家庭
・不適切な養育状態にある家庭など，虐待のおそれやリスクを抱え，特に支援が必要と認められる家庭
・養護施設などの退所または里親委託の終了により，児童が復帰した後の家庭

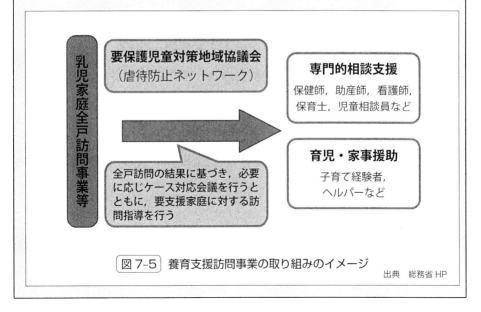

図7-5　養育支援訪問事業の取り組みのイメージ

出典　総務省HP

第5節　地域における支援ネットワークづくり

1）地域の社会資源を知る

　地域における支援ネットワークを構築するにあたり，保育者などの支援者はまず，要支援家庭を取り巻く地域の中で，どこにどのような社会資源が存在するのかを把握しておく必要があるでしょう。

　社会資源とは，利用者のニーズを充足させるために動員されるあらゆる物的・人的資源を総称したもので，フォーマルなものとインフォーマルなものがあります。フォーマルな社会資源とは，制度化されているサービスで，福祉・教育・保健・医療・司法・行政など様々な領域の専門機関や施設，専門職，提供される支援サービスを指します。一方，インフォーマルな社会資源とは，制度化されていないサービスで，具体的には家族，親族，友人，近隣住民，同僚，ボランティア，NPO団体，当事者組織，各種サークルなどが挙げられます。

2）要支援家庭のアセスメントと支援の方向性

　支援が必要となりやすい要素は，図7-6のように以下の4つのポイントに絞られます（東京都福祉保健局少子化対策部，2005）。

(1) 養育者の育児の内容・程度（育児知識・技術・実行力・育児に関する意欲）
(2) 親子関係を阻害する要因（どのような子どもか，愛着関係はどうなのか）
(3) 社会的孤立はないか（近所，親族との関係など）
(4) 育児基盤の問題（夫婦関係，経済，養育者の健康状態，居住状況）

　これらにしたがって，個々の家庭の持つリスクの有無や程度を確認し，必要な支援の方向性を見極めていきます（図7-6参照）。この作業をアセスメントと呼びます。

7章 支援のネットワーク

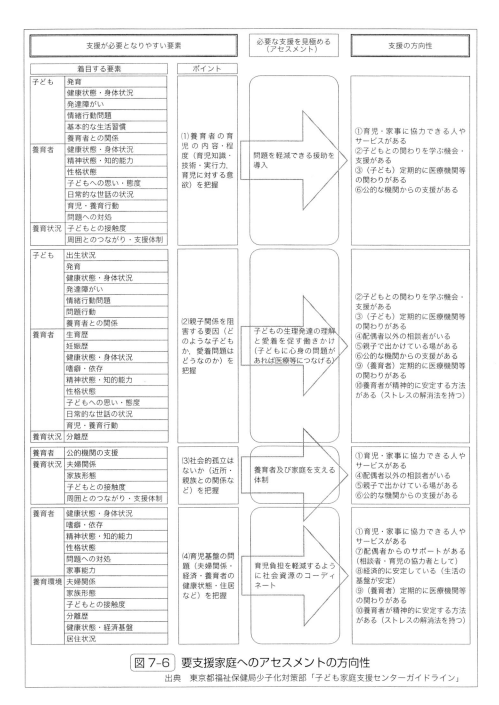

図 7-6 要支援家庭へのアセスメントの方向性
出典 東京都福祉保健局少子化対策部「子ども家庭支援センターガイドライン」

アセスメントを行う場合，リスクのみに注目するのではなく，その家庭が持つアセット（強み・力・資力）を見出し，これを援助に活かしていくことも大切な視点です（表7-2参照）。

支援の方向性を具体的に検討するにあたっては，地域の社会資源をいかに活用し，コーディネートしていくかが，支援ネットワークづくりの重要な鍵となるでしょう。

表7-2 リスク要因とアセット（強み）の例（原佳央理, 2011）

	リスク	アセット
〈家族の状況〉 家族構成・世帯状況 生活・就労状況 家族・メンバーの特徴	・父母とも収入は多くない ・父は出張が多い	・父親の収入は安定している
〈養育状況〉 育児役割・負担状況 ペアレンティングの特徴 近隣親族の育児支援 夫婦関係 親の特徴 子の親に対する反応	・母親は育児に負担を感じ，時にM児に対して身体的虐待をしてしまう ・近隣親族で育児支援をしてくれる人はいない ・父親は子育てに無関心である ・姉への心理的虐待が懸念される	・母子の愛着関係は築けている ・母親は虐待はいけないことだという意識は持っている ・姉への身体的虐待はない
〈地域的・社会的状況〉 既に関りのある機関との関係 地域や親族，友人との関係 地域の特徴	・引っ越してきたばかりで，周辺に家族をサポートする人はほとんどいない ・母方祖父母との関係はよくない	・父方祖父母がときどき育児を手伝ってくれる

第6節　支援ネットワークにおける役割分担

1）エコマップの作成

　エコマップ（生態地図・社会関係地図）は，支援を必要とする家族を中心として，問題解決に関わると考えられる社会資源を図式化したものです。個別のケースに対する支援ネットワークを視覚化できるツールとして非常に便利で，個別ケース検討会議などで使われます。

　エコマップを作成すると，家族の誰にどのような社会資源による支援や働きかけが実際に行われているか，または今後どのような社会資源に結びつけていくことが期待されているか，といった関係機関との連携のあり方や役割分担が一目でわかりやすく把握できるというメリットがあります（次ページ図7-7参照）。

　また，時間の経過とともに状況が変化した時点で適宜マップを書き変えていくことで，ネットワークの関係者間でケースの経過や全体像を共有しやすくなるでしょう。

2）子どもへの支援と保護者への支援

　支援ネットワークにおける各機関・各関係者が，子どもとその保護者に対して，それぞれ具体的にどのような関わりを持って支援をしていくのかを明確にしておく必要があります（表7-3参照）。

表7-3　保育者ができる支援の例（原佳央理，2011）

本児	・虐待が再発していないか，身体の状態を観察する。 ・保育所がM児にとって安心できる場所になるようにする。
保護者	・担任および園長が母親に声をかけ，子育ての相談に応じる。 ・父親の子育てへの参加を促す。まずは父子で参加できる子育て講座へ継続的に参加するよう呼び掛ける。

Ⅱ部　社会が家庭を支援するということ

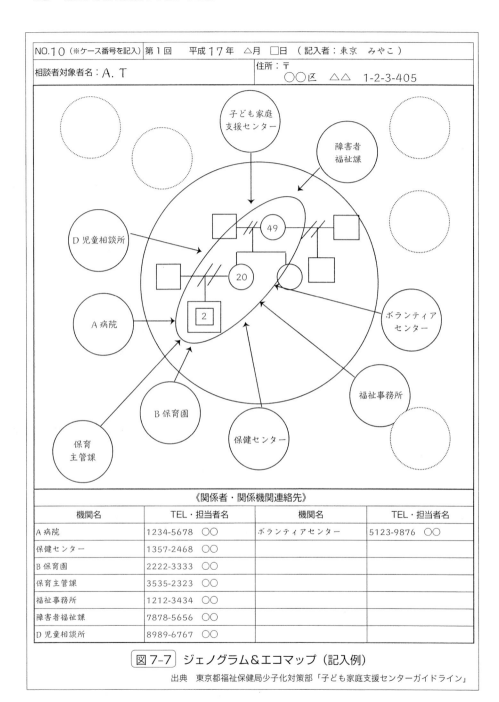

図7-7 ジェノグラム＆エコマップ（記入例）

出典　東京都福祉保健局少子化対策部「子ども家庭支援センターガイドライン」

また，1つの機関の中でも，誰がどのような役割を持って，子どもや保護者に対応していくか，方向性を決めて職員間で共有しておくとよいでしょう。例えば，担任保育者は子どもが日々安心して落ち着いて園で過ごせるようていねいに配慮し，母親に対しては笑顔でさりげなく接しながら親子をあたたかく見守る役割をとり，園長は母親にねぎらいの言葉をかけたり子どもの様子を伝えたりしながら話しやすい関係を築いていき，必要に応じて母親がゆっくり相談できる機会をもうけるなど，子どもと保護者双方への関わりが可能な機関では主たる役割を分担することも効果的です。

■演習課題

1. あなたの住む地域の子育て支援に関する社会資源について具体的にどのようなものがあるか調べてみましょう。

2. 自分が何らかの支援を必要とする子育て中の保護者だと想定してみましょう。子どもの人数・年齢・家族構成・養育状況などは自由に設定して，1．で調べた地域の社会資源を活用したジェノグラム（→ p.95 参照）とエコマップを書いてみましょう。

【文献】
厚生労働省雇用均等・児童家庭局長（2010）要保護児童対策地域協議会設置・運営指針
子ども・子育て支援：厚生労働省HP（http://www.mhlw.go.jp/stf/seisakunitsuite/bunya/kodomo/kodomo_kosodate/index.html）
全国学童保育連絡協議会（2013）学童保育の実態と課題～2012年版　実態調査のまとめ　㈱ぎょうせい
東京都福祉保健局少子化対策部（2005）子ども家庭支援センターガイドライン
西野博之（2006）居場所のちから　㈱教育史料出版会
原佳央理（2011）「虐待予防と対応などの事例分析」西尾祐吾監修　安田誠人・立花直樹編　保育における相談援助・相談支援―いま保育者に求められるもの　晃洋書房
柳瀬洋美（2010）「現在の子どもが置かれている状況」藤後悦子編著　保育カウンセリング　ナカニシヤ出版

8章　海外における家庭支援

Ⅱ部　社会が家庭を支援するということ

第1節-1　カナダの家庭支援

1) 人権意識の高い国

　カナダはアメリカ大陸の北に広大な国土を持つ，世界中からの移民がつくりあげた若い国です。新天地を開拓しながら自分たちの家や町を築き，自分たちのことは自分たちの手でという精神の下，支え助けあうボランティア活動が盛んで，カナダの社会を支える大きな力になっています。多民族が共存するために1970年代に多文化主義を国策として掲げ，互いの文化，宗教，言語，教育などの違いを認めあう社会で，個人が尊重される高い人権意識を形成してきた国です。

2) カナダから学ぶこと

　カナダには「今子どもに1ドルを惜しむと，将来7ドル分世話の焼ける大人ができる」という言葉があります。子どもを手厚く育てることによって，将来マイナスのコストを要する非行や病気，犯罪などを予防しようという考えで，早期からの予防的支援に力を入れています。今問題がなくても孤立させない，困ったときは助けてと言おうと政府も勧め，たくさんの支援団体があり，その情報も手に入りやすいなど，予防的に支えられる社会になっています。

　ボランティアとは，自分の意志で自分のできることと時間を人のために使うというもので，その活動はカナダでは高く評価され，人と出会い感謝され，スキルを身につけて就職につながることもあります。多くの人が活動に参加して個人と社会を支えています。

3) カナダの子育て環境

　移民の多いカナダでは，慣れぬ土地での育児に人の助けが必要でした。支援策は親が親として力が発揮できるよう，家族そのものを支援

8章 海外における家庭支援（カナダ）

> COLUMN
> **［カナダ］特別なニーズを持った子ども**
>
> 障がい児への手当は州ごとに違いがありますが，総じて手厚く，診断が決まるとすぐに訪問指導，医療ケアが始まり，教育，社会・環境面のサポートも得やすく，障がいのために必要な出費のほとんどが州から支給されるなど経済支援も充実しています。子ども療育センターなどで早期から保育も受けられますが，保育も教育もリソースティーチャーなど専門家がついて普通クラスで受けることが一般的です。重度になると，その子どもにあった個人教育計画が立てられ，必要な専門家に対応してもらえる私立校に通うことが多いようです。
>
> 障がい児の家族への支援も手厚く，よく訓練されて相性も良いホストファミリーに預ける，子どもを家で見てもらう，外出先に付き添ってもらうなど，家族が一時解放される制度も容易に利用することができます。障がい児も家族のだれもができるだけ普通に暮らせるように配慮されているのです。

することに力を入れています。社会全体で子どもを育てていこうとする体制もそこここに見られ，病院，保健センター，ファミリー・リソースセンターなどによる産前からの連続した支援プログラム，教会，図書館，体育館や公園，ボランティアなどの活動にも支えられています。情報も得やすく助けを求めやすい環境があります。保育施設は十分ではないのですが，家でナニー（イギリスから伝わった子守）に見てもらうことや，子どもを預かりあう支え合いから発展した保育ママが盛んで，利用も容易です。

そんな中で，子どもを育てるのは楽しいと感じる親の割合は，日本よりはるかに高い[1]のです。また，合計特殊出生率は，1980年以降1.5を下ることなく，2008年の1.68をピークに，2011年には1.61を維持しています。

← 1 カナダの子育て家庭支援研究会「人権尊重と相互扶助の市民意識に根ざしたカナダの子育て家庭支援システムの研究」カナダと日本の子育て意識比較調査「子育ては楽しいか」への回答による。平成9年度―10年度トヨタ財団助成研究報告書より。

Ⅱ部　社会が家庭を支援するということ

第1節-2　カナダの家庭支援のいろいろ

1）子育て家族を支えるファミリー・リソースセンター

　家族は子どもを育てる最初の環境ですが，その家族が問題を抱えていれば子どもを健全に育てることは難しくなります。カナダでは基盤となる家族が困らないよう，1970年代から家族を支援することに力を入れてきました。今ではカナダ全土で2200か所以上のファミリー・リソースセンターを民間が立ち上げ，州からの補助を得ながら運営，地域の家族のニーズに応えて親子で集えるドロップイン（ひろば）←2 を開き，ほっとできる居場所，子どもたちに良質のおもちゃや遊びの場，相談や必要な情報を提供するなど，多様な支援を行っています。これらの支援は家族自身が持っている力を活かし，互いに助け合って暮らしていく力につなげていきます。このドロップインから得た多くのヒントは，日本のひろばにも活かされています。

2）家族を支援するプログラム

①ルーツ・オブ・エンパシー

　幼稚園教師だったメアリー・ゴードンは，子どもたちのいじめや暴力の芽を見つけて心を痛めます。その子どもたちが赤ちゃんに目を輝かせるのを見て，人の心を動かす赤ちゃんの力を確信し，共感力を育てるプログラムを考案します。学校の教科と関連づけ，1組の赤ちゃんと親を毎月教室に招いて赤ちゃんから学ぶ「共感の根（Roots of Empathy）」プログラムを1996年にトロントの公立校で始めました。

　子どもたちは9か月の間，事前に予習，事後に復習を重ねながら1人の赤ちゃんの発達と親子の関係を実際に見て学びます。赤ちゃんの表情や行動から今どんな気持ちだろう，自分だったらどう感じるだろうと考えることで，人の気持ちを思う共感力が育ち，プログラムを受

➡2　ファミリー・リソースセンターの中心的事業。いつ来ていつ帰ってもよい，気軽に立ち寄れる出会いと遊びの場を開き，スタッフが家族同士の交流を助け，家族のニーズに応えて必要な情報を提供したり相談を受けることで，家族が孤立から解放され悩みごとが解消するなど，家族に起こる問題を予防する機能を果たしている。

けた子どもたちの攻撃性が減少し、人を思いやる行動が増えたことがわかりました。今ではこのプログラムはカナダ全土に広がり、アメリカやニュージーランドなどでも行われています。

②ノーバディズ・パーフェクト

カナダの東部4州の保健省は、1987年に

写真8-1　1組の父親と赤ちゃんを毎月招く低学年のクラス

「完璧な人はいない（Nobody's Perfect）」というプログラムと5冊のテキストを共同で開発しました。移民で来て慣れない土地で頼る人もない中、若い親たちには子どもを知り、子育てについて学び助け合うための支援が必要でした。連邦政府はこのプログラムとテキストを全国に広めていきました。孤立、貧困、若すぎるなど何らかの課題を抱えた乳幼児の親に、力をつける優れた予防型プログラムですが、深刻な状態にある親は対象としていません。

プログラムでは、訓練されたファシリテーター→3が安全な場をつくり、親の力を信頼し、親自身の価値観と経験を尊重しながら、それぞれがアイディアを出しあい自分にとって最良の方法を見つけていく手助けをしていきます。日本では2004年から実施が始まり、ほぼ全国でその回数は年間500回以上となり、多くの親が親としての力と自信を得て支え合える仲間との関係を築いています。

支援とは何でもしてあげるのではなく、その人自身ができるように手助けすることです。本人ができることや長所を活かして自信をつけてもらい、足りないところに手を貸します。必要な情報や選択肢をあげて選んでもらうなど、決めるのは本人であり、自己決定を尊重することが本人の力をつけていくのです。

←3　グループや会などの進行を促進する人、グループの立会人もしくは伴走者。ノーバディズ・パーフェクトのファシリテーターは、参加者が安心して参加できる場をつくり、指導するのではなく参加者と対等の立場に立ち、それぞれが自由に発言して相互の学び合いと課題解決が図られるように進行することが求められる。

Ⅱ部　社会が家庭を支援するということ

第2節-1　ドイツの家庭支援

1) ドイツの子育て環境

　ドイツでは、「子どもは、次世代を担う大切な宝」という意識が高く、連邦レベルの手厚い家庭支援が行われています。児童手当◆4の給付のほか、保育施設の拡充やワーク・ライフ・バランスのための労働環境整備が行われています。

　育児と仕事の両立に悩むのは、ドイツの母親も同じです。ドイツ社会は、働く母親を応援するために、3年間の育児休暇◆5が認められており、復帰後、同じ職場に戻ることが約束されています。ユニークなのは、この3年間のうち1年を子どもが3歳から8歳の間に繰り延べることができることです。とくに好まれる休暇取得時期は子どもの入学時で、学童期のスタートを見守るために利用することが多いです。職場により18歳未満の子どもを持つ母親は、希望労働時間を申請することができ、自分の働き方を自分で決めることができます。

　このように、ドイツでは社会全体としてワーク・ライフ・バランスが良好だといえます。自分の働くスタイルを、自分の人生設計を鑑みて決定することができるのは、成熟した社会の在り方といえるでしょう。子育てに重きを置きたい場合、介護に時間を取りたい場合など、労働時間を短縮できます。

　ところが、このような恵まれた子育て環境のドイツでも日本と同じく少子化◆6に悩んでいます。その理由は、子どもを少なく生んで大切に育てようとする傾向があるからだと思われます。小学校から大学まで授業料無料のドイツでは学費はかからないけれども、よりクオリティーの高い生活を子どもに保障したいと思う家庭が増えています。

2) 家族の多様性

　ドイツにおいて近年離婚が増える傾向にあり、それにともなって母

➡4　児童手当　第一子、第二子に月184ユーロ、第三子に月190ユーロ、第四子以降には215ユーロが18歳まで支給。ただし18歳以降も在学している場合は最長25歳まで。

➡5　親時間（Elternzeit）ともよばれる。休暇前給与の67％を14か月間請求可能。片親につき最長12か月で、父親による2か月の休暇取得促進につながっている。

➡6　2011年のドイツにおける出生率は1.36。

子家庭，パッチワーク家庭➡7 など，様々な形態の家族がでてきました。それぞれの家族の履歴や悩みなどに対応するために，相談窓口となるファミリーサポートシステムが行政にあります。その窓口は，乳幼児施設や，病院などとも連携しています。

また，移民家庭が多いドイツでは，幼児期にドイツ語を使用しない家庭も少なくありません。学校教育や文字教育を重視しないこともある移民家庭を考慮して，すべての子どもが平等な育ちや学びのチャンスを得ることができるように，政府は乳幼児期のドイツ語支援に力をいれています。2012年から2014年の終わりまで3年間にわたり，連邦規模でのキャンペーン➡8 でドイツ語指導保育者が保育施設に加配されています。

3）家庭と地域，子育てセンターの関係

2013年8月から，1歳児以上保育請求権➡9 が発生したため地方自治体は乳幼児施設充足に全力をあげています。逆にいえば，それまで3歳児未満対象保育所がそれほど必要とされていなかったといえるでしょう。これは各地域にある，子育て支援センター➡10 やプレ幼稚園などが十分機能していたからです。

子育て支援センターは，乳幼児を連れて集まることのできる子育てサロン活動が主体ですが，各センターによって，ベビーマッサージや森での活動など様々です。プレ幼稚園は，2～3歳児の幼児がはじめて母親から離れた集団体験をする場で，通園頻度や時間について保護者が決めます。両者とも，主に州や地方自治体から助成を受けた福祉団体が運営しています。

⬅7 再婚により母親の連れ子と父親の連れ子がきょうだいになる家庭の形態。
⬅8 参考サイト1 Frühe Chancen
⬅9 1歳児以上の子どもには保育を受ける権利があること。政府や自治体は，その権利を充足させる義務があること。これに伴い，乳幼児施設に通わない1歳児以上を持つ家庭に対して，入園までの最長22か月間150ユーロが在宅児手当として支払われるようになった。
⬅10 参考サイト2 ミュンヘン郡ハール市ファミリーセンター。
⬅11 1991年，9歳以下の子を持つ母親の就業率は，旧東ドイツ95％（フルタイム70％），旧西ドイツ50％（フルタイム18％）。

・・・・・・・・・・・・・・・・・・・・・・・・・・・・・・ COLUMN ・・・・・・・
[ドイツ] 旧西ドイツと旧東ドイツでの家庭支援政策の違い

旧東ドイツでは，社会主義体制の下，女性も重要な労働力と認識されていたため，母親が働くことは当然でした➡11。そのため，保育所，幼稚園とも西に比べてはるかに充足していました。統一後，徐々に差は少なくなってきていますが，未だに旧東の乳幼児保育施設がより充足しています。その背景には，若者が仕事を求めて旧西の大都市へ移住し，子どもの数が減少しているという事実があります。

Ⅱ部　社会が家庭を支援するということ

第2節-2　ドイツの家庭支援（乳幼児施設で）

1）ウィドマン通り保育園←12での家庭支援

→12　バイエルン州ミュンヘン公立園。1歳児から6歳児までの異年齢クラス3クラス。55名在籍。保育者は園長を含めて9名。

　園に20か国以上の子どもが在籍するこの保育園では，移民児の言語ハンディーをできるだけなくすために，異文化理解教育保育士がいます。

　これは，ミュンヘン市独自の1998年以来の取り組みで，母国語を尊重しながらも，ドイツ語を無理なく獲得することができるように配慮したものです。現在50名近くいる異文化理解教育保育士は，保護者に働きかけて自国の様子を園児の前で紹介してもらったり，郷土料理を子どもと一緒に作ったりします。そして移民児が自分の母国に誇りを感じることで自信を持ち，ドイツ語習得の動機づけとします。

　また家族でドイツ語に親しんだり，移民家庭をドイツ社会にインクルージョンする具体的活動として午前中定期的に開催される保護者カフェ，異文化紹介デーや，保護者向けドイツ語講座，2か国語読み聞かせ，親子菜園作りなどが挙げられます。

　2か国語読み聞かせとは，1冊の絵本を保護者が母語である外国語で読み，並行して保育者がドイツ語で読んで聞かせる活動です。よく使われる絵本は，年少者向けには「はらぺこあおむ

写真8-2　異文化紹介デー

し」，年長者には「ラルス，どこへゆくの？」が選ばれます。

また，親子菜園は，野外活動のため，親子とも緊張が和らぎ自然と触れる中でいきいきとした交流を望めます。

2) ロバート・ヘーガー通り幼稚園→13での家庭支援

年に1度義務付けられている個別保護者相談→14で，それぞれの家庭での悩みや子育てについてのアドバイスを担任が担当します。保育者は子どもをよく観察したうえで，情緒的発達チェックリスト→15と言語発達チェックリスト→16に記入しそれを元に相談に対応します。さらに支援が必要と判断した場合には，専門のカウンセラーやセラピストを紹介します。

また，希望保護者がいれば，一日保育者として園の中での保育者の動きや子どもとの関わり方を観察してもらいます。これは保護者にとって子どもとのやりとりのヒントや気づきを得たり，保護者自身の子育てを見直すきっかけとなっています。

また，園での活動を掲示板で紹介し，歌や詩などについては，楽譜のプリントを準備し希望者が持ち帰れるようにしており，家庭での話題作りや，親子活動のヒントとなっています。

年に2回の推薦絵本展示コーナーにより，家庭での読み聞かせの大切さや，本に親しむことを奨励しており，購入希望保護者にも対応しています。

← 13　バイエルン州ミュンヘン公立園。幼稚園2クラスと学童保育4クラスが併設する施設。6歳児までの異年齢児クラスで1クラス25名定員。

← 14　約1時間希望者に対しては複数回対応

← 15　バイエルン州乳幼児教育研究所作成リスト。Positive Entwicklung und Resilienz im Kindergartenalltag 通称 Perik。

← 16　同上研究所作成リスト。移民児対象 Sprachverhalten und Interesse an Sprache bei Migrantenkindern in Kindergarten, 通称 Sismik とドイツ語母語児童対象 Sprachentwicklung und Literacy bei deutschsprachig aufwachsenden Kindern, 通称 Seldak がある。

·· COLUMN ··
[ドイツ] 相談で使われる，子どもとの関係性を見直す簡単な方法

1. 太陽をかたどったプリントの真ん中に子どもの名前を書き入れます。
2. その真ん中のまわりの光線部分に，保護者の思いつくその子の長所を書き入れてもらいます。はじめはなかなか思いつかない保護者も，保育者の適切な援助によって光線部分を埋めていきます。
3. その太陽を持ち帰ってもらい，目立つところにはってもらいます。

どんな小さなことでもいいので，なるべくたくさん長所を書き入れる中で，子どもを愛しいと思う気持ちを保護者から引き出し，子どもが現在どのような援助を必要としているのかを明確にするのが目的です。

Ⅱ部　社会が家庭を支援するということ

第3節-1　フランスの子育て環境
―仕事と子育ての両立のための支援

1）家族支援の基本は家族の多様な形を認めること

　フランスは出生率が高い国として知られています。（合計特殊出生率は2011年に2.01）。その基盤には，家族の多様な形を認めて，個々の家庭の要求に合った支援の選択肢を用意するという国の基本姿勢があります。政府が上から「こういう家庭は良い家庭，こういう家庭は望ましくない家庭」と決めて，良い家庭を営むようにと国民を引っ張っていこうとすることはしません。また，他人や世間の目のプレッシャーも少ないのです。

　フランスでは，結婚によらないカップル[17]が56％（2011年）と多数派です。また，ひとり親家族，子どもを持つ同士の再構成家族，養子縁組家族，新制度の同性同士の結婚（2013年），と法的に認められている家族の形も多様で，それぞれに支援の形があります。これは，家族の形によって親子が不利な状況に置かれたり肩身の狭い思いをすることがあってはならないという考えに基づいています。

➡17　婚姻届を出さずに法的な証明がなにもないカップル。フランスでは，当人たちはもとより，その子どもも法律や福祉制度の面で何の不利益も不自由もありません。それで，結婚しないカップルが増えて半分以上になりました。

2）育児と仕事の両立の自由な選択のための支援

　子育てについての家族支援制度で特に手厚いのは，仕事と家庭の両立についての自由な選択の保障で，これは休暇制度と補助金制度（手当）の組み合わせです。妊娠期からこの様子を見ていきましょう。

①妊娠から出産

　妊娠女性には出産までに7回の義務的検診（無料）があります。保育所の仮申請もできます。産時休暇は前後合計で16週（第1子の場合）ですが，産後最低3週間を確保することを条件に，前後の期間を柔軟に変えられます。出生前後の3日間に父親休暇もあります。

②出生あるいは養子縁組

> .... COLUMN ....
> **[フランス] あるキャリアウーマンの子育てと生活**
> Ａさんは３人の子持ちのキャリアウーマン。第３子の妊娠中は体調不良が続きほとんどの期間病気休暇を取り，そのまま産休に突入。１年間の育児休暇のあと職場復帰し，夫と交代で保育所・学校と送迎の日々が続きました。その間に海外出張もこなす一方で，家族での夏のリゾート，冬のスキーも欠かしません。はつらつママの秘訣は，めいっぱい働いて子どもたちと楽しく夕食を過ごすこと，休みには家族でリフレッシュすることだそうです。

　子どもの出生と養子縁組は同様に扱われています。つまり親にとって，子どもが生まれることも養子縁組も等しく子どもを迎えることです。養子が特別視されることはありません。出産では妊娠７か月目，養子では縁組された時に一時金が親に支払われます。

③子どもの養育への経済的支援

　子どもの養育にかかる費用の補助として，基礎手当が毎月，収入に関係なく一定額，子どもの３歳の誕生日まであるいは養子に来てから36か月間（20歳以前），親に支払われます。また子どもが２人以上だと，20歳になるまで家族手当が支給されます。さらに子ども３人以上の家庭にはいろいろな形で手当や経済的な支援があります。

④育児休暇の取り方の多様な選択肢

　母親の育児休暇は，最初は１年間で，２回更新が可能なので最大３年間までですが，いつまで休暇をとるかは親の選択によります。父親の育児休暇は子どもの出生後４か月以内に11日間まで。育児休暇中は無給ですが，代わりに，「仕事の自由選択の補完」の制度による手当が出ます。これは，母親が育児のために仕事をしないときに収入を補う補助金制度で，育児休暇の間，仕事を辞めた場合，パートタイムにした場合に支払われます。また基礎手当を受給しない代わりに短期間に高額を受け取れるオプションもあります。これらの制度の組み合わせによって，親は，職場復帰・育児・給付手当の３つを考えて，いつまで自分で子どもを見るか，いつから保育の手立てを使うかのライフスタイルを自由に決めることができます。母親の職場復帰では原職復帰が雇い主に義務付けられています。

第3節-2 フランスの家庭支援
―3歳未満の保育のかたち

　フランスの保育制度は，3歳未満と3歳～6歳に分かれます。ここでは3歳未満の保育について述べます。3歳未満の保育の形態には集団保育と個人による保育の多様な形が用意されています。

1）個人による保育の形

　日本の親に比べて，フランスの親は家族外の個人に子どもを預けることに抵抗が少ないようです。それは乳母や里親に子どもを預ける習慣があった何世紀にもわたる長い歴史があるからです。現在は認可制度があり，一定程度の条件をクリアした人が認可保育ママ[18]となっています。保育ママは親との直接契約制で，親が雇用する形になっています。そのため，親の労働時間に添って融通がきくので，最も利用されている保育形態です。

認可保育ママ　3歳未満の子どもを4人まで自宅で保育。
保育ママの家[19]　認可保育ママたちが家や部屋を借りて共同で保育。
親の自宅での保育　シッターではなく認可された人が子どもの家に行って保育。

　個人に保育を頼む際の保育料は集団保育所の保育料より高いので，個人契約保育料への補助制度（「保育形態の補完給付」）があります。これによって，親が保育を個人にするか集団にするかの選択をする際に，経済的負担の条件を減らすことができます。

2）集団保育の形

集団保育所　日本の保育所に当たる施設で，8時～19時まで平均10.5時間，年に平均226日開設されています。利用する子どもの条件のうち，親の就労は義務ではないものの，実際は待機児童が多いの

→18　保育ママに認可される条件には，保育に関係した資格は必要ないが，研修を200時間受けることや家の広さや設備などの条件がある。それ以上に，保育ママになってから研修の時間や保育職員による指導がたくさんある。

→19　子どもたちがより大きな集団で生活できることと，保育ママ同士が協力し勉強し合えることから，保育ママが3人まで一緒に保育する新しい制度。

> COLUMN
> **[フランス]保育のなかで育てることの日本との違い**
> フランスの集団保育所は日本の保育所と一見とても似ていますが,保育者の保育への考え方は相当違うことが,映像による0歳児保育の比較研究(星他)から見いだされました。たとえば,0歳児がクッションの上で身体バランスを崩したとき,フランスの保育者はすぐ駆け寄らずに,声をかけつつ見守っていました。子どもが自分で何とか体勢を立て直すと,ブラボーと笑顔でほめます。泣いてもすぐに抱き上げず,子どもが自分で収めるのを待ちます。また部屋の定位置に落ち着いて座っていて,子どもがやって来ると応えます。子どもが自分から選び決定することを尊重するためです。一番大きく違うのは昼寝のときで,おしゃぶりやぬいぐるみを与えて1人でベッドで眠ることを奨励します。早期から自律心を育てるためだそうです。

で就労条件が優先されます。保育職員[20]は小児看護師,小児看護師補,乳幼児教育士と職種の違う人たちから構成されています。

アルトガルドリ 一時保育所。週数時間,数日あるいは臨時に保育する施設です。

家庭保育所 自宅で保育をしている保育ママたちが,子どもを連れて週1,2回利用する保育所で,専従の保育職員がいます。

その他 親が運営する共同保育所,定員10人以下の小規模保育所があります。

最近の公立施設は,集団保育所,アルトガルドリ,時には家庭保育所が共存する「多元的保育所」が増えています。親との保育契約は時間制なので,朝から夕方までの子も週1日2時間だけの子も一緒にいる状態にあります。フルタイムで働く母から最も信頼されているのは集団保育所ですが,開設時間が親の労働時間と必ずしも合わないことが問題です。フランスの労働時間が35時間と定められ(現在は少し伸びましたが),その結果ローテーションで朝番や夜番の仕事がある人が増えていることもその原因の1つです。

最近,集団保育所は低所得層の子どもを定員の10%程度優先的に受け入れるという制度ができました。現状では就労親の子どもが優先され失業状態の親の子どもは入りにくかったので,これを改善するための制度です(2013年施行)。

[20] 小児看護師(および補)は子ども専門の看護の要請を受け資格を取った者。乳児教育士は幼児教育についての養成を受けた者。所長になるのは小児保健士か乳幼児教育士で,クラス担任は大部分が小児保健士補である。このように看護系の人たちがおもに保育している。乳幼児教育士(園に1~2名)は園の教育全般を担当し,小児保健士補への教育面の指導を行う。

第3節-3　フランスの家庭支援
―3～6歳児の生活と子育て支援

1）3歳～6歳の幼児学校と家庭

　日本の幼稚園年齢の3歳～6歳児はほぼ全員，エコールマテルネルという幼児学校にいます。ただ，もっと前の2歳から入学できます。特に低所得層地域の家庭の子どもは，家庭でも地域でも教育の土台となる文化的な環境に恵まれないので，2歳入学を奨励されています。早く集団教育の場に入ることで，のちの学校での落ちこぼれを防止するという目的からです。ただ，今では予算などの関係で減りつつあります。

　エコールマテルネルは「学校」で，ほとんどが公立で無料です。小学校と同じ学期，休暇も同じ期間です。子どもたちは朝8時半に登校し16時半に下校。したがって，親にとっては経済的に楽になり，時間的にも仕事と家庭の両立がしやすくなります。小学校教諭の資格を持っている人が先生（エコールマテルネルの教諭という資格はない）で，午前と午後2回の30分の休み時間の他は，「勉強」の時間です。働く親にとって問題なのは放課後と休日，休暇中ですが，学校外活動があって，指導員がクラブ活動をしたり勉強をみます。ただ実際には，学校の休日には仕事を休んだり早く帰る親も多いようです。伝統的には学校と親の関係は薄かったのですが，最近では両者の協力関係が大事だという考えに変わってきています。学校の規則や年間計画など学校全体の大きな決定事にクラスの父母の代表も参加し，校長・教員とともに決定権を持っています。

2）子育ち・子育て支援――親子の受け入れの場

　日本の「子育て支援拠点」（ひろばなど）に当たる施設は，「親子の受け入れの場」と呼ばれ，6歳未満の子どもと付き添いの大人が来る

> COLUMN
> **[フランス] 子育てひろばのある日の光景**
> パリ郊外のある市の公立子育てひろばは2部屋と庭から成っています。職員は児童館職員だった人です。この日の参加者は5組の親子。最初は親子がそれぞれ遊んでいました。まもなく韓国人の母子が来ました。母親はフランス語が話せず,硬くなって一人離れ,子どもも母親にくっついています。するとアフリカ系の母親が近づいて,子どもの手をとり,自分の子どもと一緒に梯子の遊具を登るのを助け,登れると大きな笑顔でほめました。韓国の子どもも笑い,母親も笑いました。アフリカ系の親は子どもたちを遊ばせながら母親をその場に引き込んでいきました。やがてロシア人の母子が来ました。以前近隣に住んでいて転居したが親子ともになじめず,やってきたのでした。親は職員に自分の苦しさを話し,職員は聴きながら相談に答えていました。子どもも楽しさを取り戻したようでした。終わりに近づいた頃,職員がお茶とお菓子を出し,親子共々交流しながらくつろいでいました。職員は自分から親子のなかに入るよりは親に応えたり環境作りをしていました。多文化の状況はフランスらしいのですが,親子がそれぞれの期待を持ってやってきて交流する様子は,日本と変わりません。

ことのできる遊びの場です。実際は,3歳未満の子どもに親や祖父母が付き添っての利用か,保育ママが子どもを連れてくる形の利用がほとんどです。子育て支援は1970年代に親子の心理的な支援をする民間グループから始まりました[21]。

2000年以降に増加し,現在では,自治体が運営する施設が大多数で,また数の上でも支援の内容でも自治体は力を入れてきています。低所得層地域で孤立しがちな家庭の支援を主として行っているところ,また遊具や絵本などを整備したり集団遊びの企画などで遊びを通して親同士・子ども同士の交流を図っているところが多くなっています。週2〜3日で半日ずつ開いているところが多いようです。最初は保育とは関係のない場所での開設から始まりましたが,最近では,保育関係の施設の中にあるところも増えています。支援の目的のうち,乳幼児の互いの出会い,親と子や親同士の交流,親の悩みの相談などは日本と変わりませんが,移民の住民などへの生活援助や絵本のような文化的な環境の提供による家庭支援は,フランス社会の必要性から生まれたものです。

← 21 子育て支援の始まり
最初は,家庭で親と一緒にいる子どもが,親から離れて集団保育の生活に入っていくときの不安を除くために,親と一緒にほかの子どもたちと交流する中間的な場所を作ろうという目的で作られた。また,心の専門家が母親の悩みを聞くという目的もあった。

第3節-4　フランスの家庭支援
—子どもと家庭の状態に応じたいろいろな支援

　親は子どもの養育の第一の責任者ではありますが，その親の意図や能力の範囲を越える社会的な困難や身体的な困難に陥ることは，どの家庭にも起こり得ることです。子どもの養育のことを家族の責任だけにせず，社会全体で考えることはフランスの国の政策での支援の考えの基本の1つです。

1）母子の心身の健康の支援　母親と乳幼児の保護センター

➡22　日本の保健所・保健センターと同様に健康検査があるが，集団検診ではなく，予約制で個別に支援を受ける。予約しない人や経過を見たい人には保健師が家庭訪問をする。また開業医でもよく，行きつけの主治医のところで健康診査を受ける人も多い。

　「母親と乳幼児の保護センター」[22]は，妊娠から子どもが6歳になるまでの保健サービスのすべての窓口となる自治体の母子専門の保健所です。妊娠中の検診から子どもの健康診査，障がいの早期発見と対応，病気や障がいに対する予防と支援など，身体と精神の健康に関するサービス，それに関連する生活支援を行います。生活支援には，フランス語を母語としない移民のうち特に低所得層の親子がフランス社会に統合できるための支援も含まれます。

　以上のように，おおまかには日本の保健所の子ども部局に相当しますが，日本の保健所と大きく異なる点は，保育所と保育ママの監督機関でもあることです。保育ママの認可についての指導や研修も行います。ただ，施設の監督機関であって，保育所での個々の子どもの病気や障がいの監督や指導ではありません。具体的な子どもの問題では，自治体の社会福祉員との協力関係が園からの申し出によって作られることもあるようです。

2）家庭の様々な困難に対する支援

①病気や障がいを持つ子どもの家庭への支援

　障がいを持つ子どものいる家庭には経済的な支援があります。認定のうえ，障がい児教育手当が20歳になるまで支払われます。また20歳未満の子どもが重い病気・障がい・事故などで，親が日中在宅でついていなければならない場合には「親の在宅手当」が給付されます。

> COLUMN
> **［フランス］読み聞かせの民間支援グループ**
> 「パリで読む」は赤ちゃんと幼児に読み聞かせをする活動をしているグループです。困難を抱えたシングルマザーとその子どものいる母子寮でも読み聞かせを行っています。子どもたちを集めてお話を聞かせることはしません。まず，床に本がたくさん置かれます。母親がある本に興味を持つと赤ちゃんも同じように興味を持ちます。それから，読み手は親子と並び，その親子に向けて読みます。子どもは本をその子のリズムで発見し，ページを好きなようにめくり，読み手はそれに合わせて読み聞かせます。一人ひとりに合わせて読むということも，フランスの支援の考え方を表しています。

これはその間に親が働いていれば支払われる収入分が毎日支払われるもので，年に310日分，6か月毎に必要性の審査を受けながら，最長3年間まで支払われます。また介護の経費も最大額はあるものの毎月支払われます。つまり，親が仕事を中断したり辞めて子どもの介護に専念するときの経済的な損失が補なわれるので，親は生活を心配することなく安心して子どもと一緒にいることができるという制度です。

②両親の一方または両方がいない子どもの養育の支援

ひとり親家庭，あるいは両親がいない子どもを別の人が養育している場合に，養育者の収入に関係なく，養育手当が支払われます。額は親の不在の状況によって異なります。たとえば，ひとり親の場合は，子ども1人につき月額10数万円程度。両親が不在で第三者に養育されている場合はその1.5倍です。

③移民家庭の子どもの成長への支援

フランス社会での低所得層には，アフリカ，中東，アジアからの移民→23（またはその次の世代）が大勢います。経済的に貧困で言葉や文化の障壁のある環境で育つ子どもは，成長しても学校でも社会でも落ちこぼれて，貧困から抜け出せないという貧困の連鎖が起こりがちです。これを防ぐために，移民家庭へは経済的な支援の他に，社会に統合するための支援がいろいろな形で行われています。「乳幼児と母親の保護センター」では字の読めない若い母親に文字を教える機会を設けているところがあります。また，公的な助成金を得ているたくさんの支援団体が，いろいろな場所で活動を行っています。

←23 困難を抱えた移民家庭の子ども
外国から来てフランスに住んでいる人の出身国は全世界にわたる。中には，祖国があまりに貧しいために外国で生きる糧を求める経済難民，祖国の政変などで祖国にいては命が危ない政治難民，また密入国の人たちもいる。このような人たちの多くは貧しい生活環境に置かれている。しかし，親の事情がどうであれ，子どもには健康と教育の場を保障しなければならない。これは，国連の子どもの権利条約に基づいている。健康診査，保育，教育は，たとえ密入国の親の子どもであっても受ける機会が与えられる。

第4節-1　イギリスの子育て状況
―すべての子どもの幸せを願う政策への転換

イギリス (United Kingdom of Great Britain and Northern Ireland) は，イングランド，スコットランド，ウェールズ，北アイルランドの4つの地域から構成される島国です。18世紀から19世紀に大英帝国として世界中へ覇権を広げた経験を持ち，個人の意志を重んじる風土で知られているイギリスですが，この地域で子どもたちはどのように育っているのでしょうか。

1)「新自由主義」から「第三の道」へ

イギリスといえば，第二次世界大戦直後，労働党政権が「ゆりかごから墓場まで」[24]というスローガンを掲げ福祉大国を目指した社会として有名です。国民保健の充実を特色としたイギリスの社会保障制度は，日本を含めた各国の福祉政策の指針となりました。

ところが1960年代以降，「イギリス病」とまで呼ばれた労使紛争の多さと経済成長不振に苦しむ時期を経て，1980年代になると福祉予算が大幅に削減され新自由主義へと政策が変更されました。マーガレット・サッチャー[25]首相によるこの「小さな政府」への転換は，市場経済に公共事業を任せる急激な民営化，行政改革，規制緩和によって一部の金融産業を潤したものの，地方経済は不振に陥り，貧富の差の拡大につながりました。貧困層の増加，とりわけ他国に比べて非常に高いイギリスの子どもの貧困率（表8-1）は，政府に子育て支援の必要性を突きつけました[26]（岡久，2008）。

その後1990年代になると，政権が保守党から労働党へ交代し，トニー・ブレア首相が市場の効率性を意識しつつも行政による公正の確保を目指す「第三の道」路線[27]を取るようになりました。市場化一辺倒の新自由主義とも，公費負担が多すぎて財政維持が難しくなる福

➡24 "from the cradle to the grave" は政府による富の再配分によって積極的な福祉政策と弱者救済を行うという福祉政策。社会保障負担の増加，勤労意欲低下等の問題が生じた。

➡25　イギリス保守党初の女性党首。保守的で強硬な性格から鉄の女（Iron Lady）と呼ばれた。サッチャーの政策路線は，新自由主義（ネオ・リベラリズム）あるいは新保守主義と呼ばれる。

➡26 「イギリスの児童貧困率は，1979年から1995年にかけて3倍に増え，先進国で記録された最も大幅な子どもの貧困増大である。また，単親家庭における就職率は先進国中でも低い40％で，フランスの82％，アメリカの62％と比べても劣っている」

➡27　第三の

	子どもの貧困率	1990年代半ばからの子どもの貧困率の変化	全人口の貧困率
メキシコ	24.8	-1.2	20.3
アメリカ	21.7	-0.6	17.1
イギリス	16.2	-1.2	11.4
日本	14.3	2.3	15.3
ドイツ	12.8	2.4	9.8
OECD25か国平均	12.1	0.7	10.2
フランス	7.3	0.2	7.0
スウェーデン	3.6	1.1	5.3
デンマーク	2.4	0.6	4.3

表8-1 子どもの貧困率の国際比較（2005）
出典 Society at Glance（OECD SOCIAL INDICATOR）より作成

祉国家とも異なる新しい道をイギリスは模索し始めています。

2)「子育ては私的なこと」なのか

　第二次世界大戦中，イギリスでは女性労働力確保のための保育所が開設されました。しかし戦後になると，女性が外で働く必要のない社会になるという予測と「子どもは家庭で育てられるべき」であるという伝統的な考え方を背景に，多くの保育所が閉鎖されました。夫（父親）が稼いで妻子を養うという「男性稼ぎ手モデル」を前提とした福祉国家システム→28 の枠内では，公的な保育施設の役割は認められませんでした。公的な保育の対象は，特別な支援が必要とされる「要保護児童」に限られました。国家による保障が家庭生活への介入にもなるという危惧は，自分たちの子育てにとやかく口を出されたくないという独立精神とあいまって，「子育ては私的なこと」というイギリスの政策を後押ししてきました。

　ところが1960年代に2％程度だった離婚率が1980年代には11％に増加し，母親が家で子育てをするという前提が成り立たなくなりまし

道（The Third Way）とは2つの対立する思想や政策に対し，両者の利点を取入れ対立を超越しようとする思想や政策である。イギリスでは，伝統的社民主義のいう「結果の平等」ではなく，教育の充実などを目指す「機会の平等」に重きを置く。

←28 1942年にウィリアム・ベヴァリッジが報告した社会保障構想が，イギリスの福祉国家政策の基盤となった。性別役割分業（男は外で仕事，女は内で家事育児）と完全雇用（男性稼ぎ手の賃金保

Ⅱ部　社会が家庭を支援するということ

障）による家族観が前提。
→ 29　2007年4月11日BBCニュース。
http://news.bbc.co.uk/1/hi/uk/6542031.stm

た。1972年に14人に1人だったひとり親家庭の子どもが、2006年には4人に1人にまで増えています。出生数の44％が婚外子であり、事実婚のカップルも増えています[29]。均質的な家庭像を想定することが難しくなり、離婚、ひとり親家庭の増加にどのように対応するかが問われるようになりました。

こうした家族の変容に対し、80年代のサッチャー政権は、福祉国家政策における母子手当などのひとり親家庭への支援が福祉給付依存を生みだす原因であるとして、父親による養育費支払いを徹底し、家族を福祉依存から自立させることに力を注ぎました。個人の自助努力を促すという意味で、福祉手当支給から職業・教育訓練に政策の重点は移行しましたが、「子育ては私的なこと」という前提は変わらないままでした。

3）保育施設の充実へ──インクルージョン（包摂／共生）にむけて

その後90年代後半になると、ブレア首相の登場により「子育ては私的なこと」という価値観を大きく見直す政策が始められました。それまでのサッチャーによる保守党政権では、ひとり親家庭とりわけ母子世帯への対応として、福祉依存を改めさせるために資金援助を停止し、就労を促進するという方策を取っていました。対して労働党政権では、母親が働けない理由には保育施設の不足があることを配慮し、よい保育施設の創造に力を入れることにしました。

つまり「子育ては私的なこと」だから政府は介入しない、家族というプライベートな領域には踏み込まないという政策路線を転換し、仕事と生活をバランスよく両立させるための柔軟な働き方を推奨する「ワーク・ライフ・バランス」の条件整備が行われ始めたのです。誰もが仕事と家庭をうまく調和させられる生活リズムを見つけられるように、子どものいる世帯への経済的支援、柔軟な働き方を可能にする法改正、保育所の整備などが進められました。加えて、失業の長期化が社会的排除を生みだしてしまう社会構造に目を向け、個人の責任を追及するだけではなく、「福祉から就業へ」[30]という労働者支援の基本方針も出されました。

→ 30　1997年の「福祉から就業へ」（welfare to work）プログラムでは、経済的な自立と社会参画を促すために、1 職業訓練強化、2 所得保障、3 低所得者の就労意欲向上、4 雇用環境の整備を実施している。

社会的に排除（exclusion）されがちな貧困世帯の子ども，障害を持つ子ども，学校に適応しづらい不登校や学業不振の子ども，虐待を受けている子ども，英語が話せない要英語指導の子どもなどを，しかるべき社会生活に包摂（inclusion）することを目指すインクルージョン（社会的包摂／共生）への実践として，子どもへの保育や家族への支援が考えられるようになりました。イギリスは，2000年代以降，インクルージョンを目指す先進社会の一つ[31]です（ウォラス，W. 2009）。

4）すべての子どもが大切（Every Child Matters）

公的な保育施設の利用が要保護児童に限られていた状況から，すべての子どもが乳幼児保育・教育や児童福祉の対象だと認められるようになり，人生の確かな出発を保障する「シュア・スタート（Sure Start）」[32]プログラムが1999年から始まりました。それまでの新自由主義政策下では，児童福祉の恩恵を受けることは特別な必要が認められる場合に限られており，公費による福祉はすべての人を保護するものではなく，必要があれば民間企業などが需要を満たしていくだろうと考えられていました。基本的には各家庭の「自助努力」が子育ての前提にあり，子どもは社会がめんどうをみるのではなく「家庭が責任を持つ」という考えた方だったと言えます。

それが，2003年には早い時期からの保育・教育（early education），児童福祉（child care），保健（Health），家庭支援（Family support）を統合し「すべての子どもが大切」（Every Child Matters）だとする政策提言を出すまでにいたりました。胎児期間から14歳までのすべての子ども（障害のある子どもについては16歳まで）の生活が最善のものとなるように，子どもの家族を支援することが政府の役割として合意されています[33]。

[31] イギリスには，1997年のブレア労働政権下，内閣府に「社会的排除対策室（Social Exclusion Unit）」が設置された。

[32] Sure Startのホームページ http://www.surestart.gov.uk/

[33] 「イングランドの就学前児童の子育て環境環境」Clair Report No.340(July6,2009)（財）自治体国際化協会ロンドン事務所，参照。

II部　社会が家庭を支援するということ

第4節-2　イギリスの子育て政策
―家族政策としての保育・教育

　すべての子どもが「人生を力強く始められるように」人生の基盤を磐石にすることを目指す「スターティング・ストロング（Starting Strong）」が，経済協力開発機構（OECD）から提唱されるようになりました[34]。そのイギリス版保育・教育政策ともいえるシュア・スタート（Sure Start）が，イングランド地域[35]で行われています。シュア・スタートはその言葉の通り，「確かな始まり」をすべての子どもに保障することを目的とした政策です。とりわけ貧困地域での保育所整備が，イギリス政府の最優先課題の一つとされています。

1）チルドレンズ・センター（Sure Start Children's Centre）

　1997年12月，選定した自治体に5歳未満の就学前保育[36]のモデルセンターとして「エクセレンスセンター（Early Excellence Centre）」が設置されました。エクセレンスセンターの特徴は，保育の場に併設して，親子への保健医療や親の就労支援を含む総合的な家族支援を展開し，地域と家族をつなぐ地域センターの役割を果たしたことでしょう。それまで公的な保育施設を持たなかったイギリスにとって，親の就労支援を含む保育の場が設置されたこと自体が，ひじょうに画期的なことでした。

　その後1999年，「シュア・スタート・地域プログラム（Sure Start Local Programme）」が実施されるようになります。エクセレンスセンターの役割は，当初，生活困窮地域をのみを対象としたプログラムであり，要保護児童への対応だけを想定していました。しかし，次第に対象地域を拡大し，要保護児童のみならず，すべての子どもを対象にするチルドレンズ・センター（Children's Centre）にかわっていきました。

[34] 世界中の人々の経済や社会福祉の向上に向けた活動を行っている「国際機関経済協力開発機構（OECD）」が2001年から乳幼児期の保育・教育の充実を目指し始めた提言。"Starting Strong. Early Childhood Education and Care",OECD, Paris 2001

[35] 保育・幼児教育に対する権限がそれぞれの自治政府に委譲されているため，スコットランド，ウェールズ，北アイルランドでは，それぞれがシュア・スタートを代替するものを実施している。

[36] イギリスでは満5歳が小学校就学年齢。日本などより一年早い。

8章　海外における家庭支援（イギリス）

　こうして2003年以降，イギリスの子どもとその家庭への福祉政策は，シュア・スタートの一貫であるチルドレンズ・センターを中心に編まれるようになります。これまで民間で自発的に行われていた活動も事業に取り込み，それらを支援・利用しながら，子育て支援のための抜本的な保育の拡充が始まったのです。

2）親の就労支援を含む保育・教育実践

　イギリスでは，朝8時から夜7時まで保育を行う「全日制の保育園」（full day care）に通う子どもが増えています→37（岩間，2006）。学童保育を含む8歳未満の子どものための保育の場が各地域に設置され，親の暮らしに合わせた保育実践が始められました。

　シュア・スタート開始前夜の1997年，イギリスでは，「16-18歳の年齢層の9％が教育にも労働にも従事せず，18-24歳の年齢層の10％がアルコール依存症であった→38」（岡久，2008より引用）という青少年期の問題が大きな社会的課題として認識されていました。子育て世代である若年労働層の就労不振や経済的自立の困難は，社会の基礎単位である家族の形成を難しくします。子どもが暮らす家庭の経済的福祉を向上させることは，子どもの最も基礎的な権利であり，生涯を通じた学びへの基盤にほかなりません。親の安定的な就労なしに子どもの福祉や教育を考えることはできないこと，若者の就労状況の改善なしに次世代家族の機能回復もあり得ないことなどが自覚され，その認識が保育実践にも活かされるようになっていったのだと思われます。

　先にも述べたように，イギリスでは長らく「子育ては私的なこと」と考えられていました。そのため母親たちは子育てを個人の責任として引き受けることが当たり前で，子どもが小さいうちは子育てに時間が割けるよう，それまで続けてきた仕事は辞めたり減らしたりすることが一般的な選択肢でした。もし仕事を続けたいのであれば，家庭外の「保育」を利用するために，稼いだ賃金をすべてそそぎこむほどの高額の保育料を払う覚悟が必要でした（塩崎，2008）。

　しかし，シュア・スタート開始以降，公的な保育の場が「要保護児

← 37　2003年から2005年のわずか2年半の間に，園児の数は38万人から55万人に増えている。

← 38　Social Exclusion Unit, Preventing Social Exclusion, Mar. 2001, p.11. 参考

童」だけではなくすべての子どもを対象とするようになり，保育・教育実践の内容も変わりました。貧困の連鎖を断ち切るためには，乳幼児期から青年期や成人期をも見通し，すべての子どもが市民として自立した生活ができるように育てられる必要があると考えられるようになったのです。

子どもたちには，生まれた家族に規定されすぎない人生の確かな基盤が保育の場を通して用意されるようになりました。また親が無職あるいは不安定雇用の非熟練労働者である場合などには，就労支援（語学研修を含む職業訓練）や健康維持支援などが同じチルドレンズ・センターによって提供されるようになりました。家族になんらかの課題がある場合，子どもへの保育・教育と親への職業訓練が不可分であることを，保育者たちはよく理解したのでしょう。

3）乳幼児基礎段階（EYFS）―保育・教育基準の整備

2007 年には，教育技術省（日本の文部科学省にあたる省庁）から EYFS（The Early Years Foundation Stage）が出されました。直訳すれば「乳幼児期基礎段階」という基準（スタンダード）が保育・教育の指針として設定され，各チルドレンズ・センターで義務的（mandatory）に運用されることが求められました。

この EYFS には，「誕生から 5 歳までの子どもたちのための学び，発達，ケアを示すスタンダード」(Setting the Standards for Learning, Development and Care for children from birth to five) という副題がついています。中央からの統制を嫌うイギリスの国民気質は有名ですが，そのイギリスで，子どものために国レベルの基準が統一的に設けられたことは大きな変化でした。

実際に行われている保育では，子どもが興味を持つ世界を親と共に楽しめるように，子どもが日々学んでいることに「親を巻き込む」実践が提唱されました←39。ただし，英語を話さない移民の親，子どもの興味に関心を払えないほど生活に困窮した親，自分自身が親から自分に興味を向けてもらった経験がない若年の親などにとって，たとえ自分の子どもでも，幼い子どもの興味関心や知的好奇心に配慮する

→ 39 Margy Whalley and the Pen Green Centre Team, Involving Parents in their Children's Learning, 2007

ことは難しいこともあります。文字だけでは伝わり辛い子どもの世界を，ビデオの映像なども使って紹介し，子どもが今何に興味を持っているか，保育の場ではどのような学びをしているのか，子どもの姿を丁寧に伝え，親と子どもの育ちを共有する努力が，日々積み重ねられています。

4）保育・教育において大切にされている視点

EYFSの中身を少し見てみましょう。

大きな柱である4つの主題は，

1. 唯一の子ども（A Unique Child）
2. 肯定的な関係（Positive Relationships）
3. 可能にする環境（Enabling Environments）
4. 学びと発達（Learning and Development）

となっています。

さらに，たとえば1.の「唯一の子ども」には，①子どもの発達，②インクルーシブな実践，③安全の維持，④健康とウェルビーングというような，主題の視点を分化させた小見出しがついています。

一見してわかるように，日本の保育所保育指針や幼稚園教育要領の五領域（健康，人間関係，環境，言葉，表現）と比較して，EYFSの四主題は，学校の教科カリキュラムへの接続とは別の子どもを捉える視点を持っています。

人生の基盤として人間は乳幼児期に何を獲得しておく必要があるのか，人間にとって大切にすべきことは何なのか，子ども自身が選べる環境をどのように準備できるかというような，大きな問いに向かい合っていることが読み取れます。保育者が，子どもの能動性を信じ，子どもが社会の担い手であることに重きを置いていること，子どもが主導できる時空の創造を目指していることもわかります。

子どものあるがままを受け止めつつ，子どもがしたいことを支える保育を展開することで，イギリス社会の家族機能が持続可能なものとなるように，イギリス各地で新しい保育実践が今この時にも，紡がれています。

Ⅱ部　社会が家庭を支援するということ

■演習課題

1. カナダの家族支援の中で、将来保育者として取り組みたいことを挙げて、日本でどのように進められるか考えてみましょう。

2. 近年、アジア諸国やブラジルからの移住者や、国際結婚の増加により、多文化・他文化をルーツに持つ子どもが増えつつあります。そのような子どもたちが日本の社会で文化的に豊かに育つための取り組みについて考えてみましょう。

3. 日本も家族の多様化や社会格差の拡大が問題になっています。フランスの親子への多様な取り組みを整理して、そこから日本にどんな示唆が得られるかを考えてみましょう。

4. この十数年の間に、イギリス社会は、「子育ては私的なこと」であるという社会通念をこえて、「すべての子どもが大切 Every Child Matters」だとする保育政策へと、大きく転換してきました。その転換の理由を調べてみましょう。

【文献】
岩間大和子（2006）「英国ブレア政権の保育政策の展開―統合化、普遍化、質の確保へ―」『レファレンス』、国立国会図書館調査及び立法考査局
ウォラス, W. 著　藤本卓訳（2009）『あきらめない教師たちのリアル―ロンドン都心裏、公立小学校の日々』太郎次郎社、p.141
岡久慶（2008）「英国の格差対策―児童貧困撲滅2020」『外国の立法』236、国立国会図書館、p.32, p.33
カナダ政府　子ども家庭リソースセンター編　向田久美子訳（2002）ノーバディズ・パーフェクトシリーズ、ドメス出版
カナダBC家族会議　向田久美子訳（2002）父親、ドメス出版
小出まみ・伊志嶺美津子・金田利子（1994）サラダボウルの国カナダ　ひとなる書房
小出まみ（1999）地域から生まれる支えあいの子育て　ひとなる書房
塩崎美穂（2008）「地域センターにおける総合的な「保育」の場―イギリス視察訪問（1）」『幼児の教育』日本幼稚園協会
渋谷聡・渋谷桂子（2006）ミュンヘンの子育てサークル―シュピールグルッペにおける日本人家庭の子育て環境、文芸社

【参考サイト】
1) 家族、高齢者、婦人、青少年ドイツ連邦局の早期ドイツ語教育キャンペーン　Frühe Chancen　http://www.fruehe-chancen.de/was_politik_leistet/spk/dok/1026.php
2) ミュンヘン郡ハール市ファミリーセンター　http://www.familienzentrum-haar.de/
http://www.frp.ca/index.cfm?
http://www.rootsofempathy.org/en/
http://www.phac-aspc.gc.ca/hp-ps/dca-dea/
http://kodomokatei.co./　NPO法人子ども家庭リソースセンター

Ⅲ部　家庭支援が特別に必要になる場合

9章　発達に応じた親子関係と支援

Ⅲ部　家庭支援が特別に必要になる場合

第1節　おおむね6か月未満の子どもと親子関係

　子どもが生まれることで家族は多くの課題に直面します。子どもの発達に合わせた親子関係をとりあげ、新しい家族として機能するための支援を学びます。子どもの発達は、身体・生理的側面、心理的側面だけでなく、とりまく人々、地域の状況など環境的側面を重視した生態学的システムモデル[1]でとらえられます。子どもは生活の積み重ねの上に人間関係を築く存在であり、家族を支援することが必要です。

➡1　環境とそこに生きる人々とが相互に影響を与えあう循環システムを形成するという理論。たとえば、ブロンフェンブレンナー,Uは発達への影響について論じた。

➡2　アメリカの精神科医マーラー(1897-1985)らが、母親と子どもの観察によって導き出した。子どもが母親とは分かちがたく一体化している状態のこと。その後徐々に母親から分離し別の個人として成長していく過程を辿る。

1）養育者による世話と情緒の安定

　出産は赤ちゃんにとって大きな危機ですが、親子双方への援助が欠かせません。夫の立ち合いによる出産が増え、負担を軽減し、夫婦協同して育児にあたるような変化も見られます。できるだけ早期から、親子一緒に過ごせるよう配慮することも必要とされています。

　この時期は昼夜関係なく、授乳・排泄・睡眠など子どもの生理的欲求を満たすための「世話」が求められます。乳児にとっては、養育者と一緒にいることで生命を保つ状態（共生段階[2]）にあります。生理的欲求を満たして生命の保持ができると同時に、情緒の安定にもつながるのです。

　養育者が目を合わせてリズミカルに話しかけ、応答的な世話ができるように支援することが必要になります。応答してもらうことで、心地よさを伴い、心身共に育っていくのです。

　生得的に備わっている新生児反射や人指向性などは、養育者から世話行動を引き出す子どもの資質です。実家に帰って出産するような里帰り出産ができない母親もいます。産前産後ケアなど、この時期の支援が重要視されています。

2）身体と心が育つ環境

　覚醒の時間が長くなると、首がすわり寝返りをし、人やモノへの関

> COLUMN
> **母親に育児負担があっても一人で頑張ろうとする事例**
>
> (家族の状況・課題)
> 核家族。生後6か月の双子。祖父母が遠方のため,育児の協力が得られない。離乳食が思うように進まず悩んでいる。一人が泣けばもう一人が泣くなど,母にゆとりが感じられず,表情が硬い。母は「育児は特に大変ではない」と言う。
> (支援内容)
> ・負担軽減と子の育ちを見守るため,週1回一時保育実施。
> ・送迎時など母親になるべく声かけを行い,信頼関係形成に努める。
> ・母親同士の交流及び子との関わり方やふれあい遊びの紹介をサポートし,週1回のマイ保育園登録者対象の育児教室への参加を計画。
> ・個別の相談に対応するため(離乳食のこと,育児について),月2回の育児相談を実施。主に母親の話を傾聴する。
> ・同じ立場の母親が集まる多胎児サークルを紹介。
> (支援結果)
> 母親の表情が明るくなり,育児教室ではお互いの悩みや苦労,楽しみを共感できる仲間ができた。個別の育児相談を進めていくにつれ「育児が大変」と本音が言えるようになる。子どもも後追いが減り,活発に遊ぶようになった。
>
> 出典 石川県健康福祉部少子化対策監室子育て支援課HP「マイ保育園(石川県)みんなで子育て応援事業の実施結果」2008年3月 http://www.mhlw.go.jp/shingi/2009/12/dl/s1204-9e.pdf

心が広がります。子どもは養育者のにおい,表情,声,手触りなどに敏感で,まわりを積極的に取り入れます。姿勢の変化とともに,見えたモノをしばらく見つめ,手を伸ばし,握って口に持っていったり遊ぶようにもなります。コミュニケーションをとりながら関わってくれる人,赤ちゃんが手を伸ばして触ってみたい環境が準備されているか見直してみましょう。初めての慣れない育児では,身近に相談できる人やモデルが必要になります。母子保健事業では乳児家庭全戸訪問事業が展開されています。

3) 保護者の育児負担を減らすマイ保育園制度

マイ保育園制度[3]では,出産前に近くの園に登録することにより,一時保育などのサービスが受けられます。保育園を気軽に利用できることで,コラムの例のように適切な支援を受けて,育児の困難さが解消できるようです。

← 3 石川県などで2005年から始まった子育て支援制度の1つ。妊産婦が育町村から母子手帳を交付された後,身近な保育所に登録することで,出産前に育児の体験をしたり,出産後,一時保育を利用できる券が発行されたり,育児相談などを受けられる制度。

Ⅲ部　家庭支援が特別に必要になる場合

第2節　おおむね6か月から1歳3か月未満の子どもと親子関係

1）コミュニケーションの発達

おもちゃを握った子どもに，「ちょうだい」と声をかけると，「どうぞ」の声に合わせ渡すなど，やりとりが成立します。モノのやりとりだけでなく，指差しで示すなど「ことばの芽」が育ってきます。タイミングを合わせたわかりやすい対応が，コミュニケーションの発達につながるので，大人主導による応答的環境が必要です。

2）身体の移動と家族

ひとりすわり，はいはい，つかまり立ち，つたい歩き，ひとり歩きなど，姿勢と移動能力の獲得により子どもの世界は広がります。はいはい，よじ登る，つかまり立ちなどは養育者から身体的に分離しようとする「練習期[4]」と言われます。一方で，養育者を安全基地[5]として，戻って膝に触る，寄りかかる，抱っこを求めたりします。「いきつ，もどりつ」の時期と言えます。子どもは不安を感じながらも距離を体験し，見捨てられるわけでないとわかります。子どもが安心できるような対応ができる人は，子どもにとって安全基地となります。

3）愛着の発達と家族

愛着とは，「子どもの不安や恐れによって活性化される子どもが安心を得るための行動システムで，特定の人に示す接近・接触を求める行動の仕方」と定義されます（ボールビィ[6], Bowlby, 1969）。表9-1は，子どもの養育者への愛着が，移動・認知能力に伴い階段を昇るように発達することを示しています。「養育者」を子どもにとって安心を生み出す「特定の人」として信頼できると，他の人と区別します。追視し，後追いし，髪の毛をひっぱったり，口や耳，鼻を触っ

→ 4　マーラーら(1897-1985) の関係性の一段階で，もっとも初期の分離能力を示す時期のこと。いきつ戻りつを繰り返す。身体的距離をあえて作り，見える，聞こえるという距離のある「へだたり」を体験しながらも，関係が続くことにもだんだん気づいていく。

→ 5　養育者が提供する，何か子どもに危機が生じたときに逃げ込める拠点で，外界に積極的に出ていくための拠点のこと（遠藤利彦, 2007）

→ 6　イギリスの児童精神科医。施設収容で育った子どもに見られる発達の遅滞や歪みに関して母子間の愛着の重要性を指摘した。

表9-1 愛着の発達段階（菅野・塚田・岡本，2010）

段階	特徴
第1段階 （3か月ころまで）	不特定多数の人に対して，注視する，泣く，微笑む，声を出すなどのシグナルを送る
第2段階 （6か月ころまで）	乳児がシグナルを送る対象が，特定の人物になっていく
第3段階 （6か月～2，3歳まで）	運動機能の発達に伴い，これまでのシグナルに加え，後を追ったり，抱っこを求めたり，しがみついたりなど，能動的な行動を通して，特定の対象との近接を絶えず維持しようとする。また外界への興味も高まり，特定対象を安全基地として探索行動をするようになる。
第4段階 （2，3歳以降）	認知の発達に伴い，養育者の意図や周囲の状況などが把握できるようになり，養育者の意図と自分の意図が異なる場合でも調整，修正を行えるようになる。また自分に何かあったときは助けてくれるという愛着対象のイメージが内在化され，絶えず養育者との近接を維持していなくても行動できるようになる

出典 「エピソードで学ぶ 赤ちゃんの発達と子育て」菅野・塚田・岡本，2010

たりします。要求を訴え，抱っこを求めます。人見知り[7]をするのは，特定の人とそれ以外を区別し，照合できる能力が育ったことを示します。さらに，「いないいない，ばあー」のように，見えたり，見えなくなったりを楽しめるようになります。外界に探索が広がるようになるのです。このようにして，愛着の対象は母親に限らず，複数の養育者となります。

要求に対して明確な応答がなかったり，無視や拒否されるなど不適切な養育を受けた場合，愛着の発達が阻害されます。この時期は，「愛着の対象[8]」になれるように支援することが大切です。

保育所に通い始めると，朝登園時に親子分離がむずかしく，子どもが大泣きする場面がよくみられます。泣き叫ぶわが子をみると特に母親は罪悪感を抱いてしまい，就労を継続するかに悩むケースもみられます。保育者は親子関係が順調に育っているからこその反応であることを伝え，充実した保育活動に努めて，親子分離を支えていきます。

子どもの発達や発育には個人差があります。したがって，一人ひとりの成長の様子を時間の流れに沿って観察することで，理解できます。保育所では親子分離・再会場面で親子によりそう支援が求められます。

←7 親密な人と他人を区別でき，照合する能力が育っていることを指すが，子どもは知らない人に泣いたり，顔を背けたりするので，母親ひとりに育児負担がかかってしまうことにつながる。

←8 子どもにとっての特定の人物のことを指し，危機的状況ではその人に慰められ，守られることで安心するような対象のこと。

第3節　おおむね1歳3か月から 2歳未満の子どもと親子関係

1）自我のめばえと親子関係

　子どもは身近な人のしぐさや行動をよく見ています。行動のまねをして，さらに大人の行動の意図も理解するようになります。「さよならしようね」の声かけに応じ，手をふったりするのは，他者の思いを理解し，何を求めているかわかるからです。

　養育者の意図通りに行動して楽しむ時期を過ぎると自分の要求をぶつける「自我のめばえ」を迎えます。他者と思いが食い違う経験を通して，子ども自身の意図や思い，「自己」が育つのです。ぶつかることが多くなると，養育者は「子どもが反抗し思うようにならない」「ききわけがない」など，子育てに悪循環を感じます。保育者は発達の姿に気づけるように保護者を支えます（図9-1）。

2）ことばの発達と親子関係

　子どもとの相互作用が重なるにつれてコミュニケーションが成立していきます。理解できることばが増えてくると，目の前にあるモノに

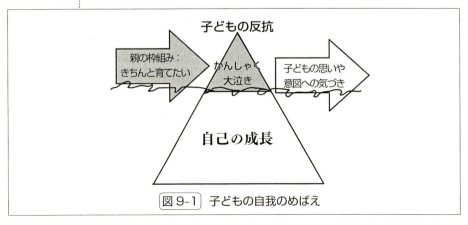

図9-1　子どもの自我のめばえ

対して初語➡9を発し，表出できる言語も増えます。やがて言語的コミュニケーションが成立するようになります。親子関係の形成には子どもへの応答的関わりが重要なのです。

⬅9 子どもが初めて発する意味のあることば。

3）子育て世代の内面によりそう

子どもとの親子関係は，日々の生活を通して，楽しみながら積み重ねて育まれます。まわりから，うまく対応できない自分を責められると，ますます強固な態度で子どもの反抗を押さえつけたり，反対に子どものいいなりになってしまうために，親子関係がぎくしゃくすることがあります。また，夫婦関係，保育者との関係，親族，近隣の友人，病院や商店などの非親族の人々との関係，また職場の雰囲気なども子どもとの関係に影響します。奮闘している養育者をねぎらい，自我のめばえの時期の対応をガイダンスし，子どもの成長を共によろこび合えるように努めます。

残念ながらこの時期は子どもへの対応の難しさを感じても他者に助けを求めにくい時期です。責任感や不全感があって孤立してしまう危険性も孕んでいます。そこで親に届くような支援を考えなくてはなりません。子どもを肯定的にとらえられるような援助，遊ぶ体験の共有など，子どもの自我のめばえに寄り添った養育支援が求められます。

親自身が被虐待体験を抱えているという事例は少なくありません。自我のめばえの時期にわが子がだだこねをすると，幼少期に封じた思いがよみがえり，怒りで子どもの思いを押さえつけてしまうこともあります。適切な養育支援をするためには，養育者の生育歴にも配慮して子育て家庭を理解する必要があります。

4）この時期の健康診査

「1歳6か月健診」という名称で，市区町村による健康診査が実施されています。母子健康法によって義務づけられているもので，発育の評価，栄養状態に加えて，視線があうか，人見知りの状況，コミュニケーションの状況などを，ていねいに診査します。これを受けて，養育者に対する親子関係への支援も必要になります。

第4節　おおむね2歳の子どもと親子関係

1）子どもの意欲と自己調整

　食事・衣類の着脱，衛生など身の回りのことを「自分で，自分で」という意欲が出てきます。実際はうまくいかないため，しつけをめぐって関係がぎくしゃくします。自己主張が強すぎて養育者を困らせる場面が増えるため，第一次反抗期とよばれます。

　排泄の自律[10]は，意欲と排泄コントロールの発達が一致するとすんなり進みますが，失敗はつきものです。叱りすぎて委縮したり，反対に，排泄の自覚があるのに，オムツのままで過ごしていると自律が遅れます。生活に必要な行動を自律的に身につけるためには，「やりたい」という自己主張と，「がまんする」という自己抑制をバランスよく調整できるように大人が援助することが必要になります。

　一方，2歳になると，歩く，走る，跳ぶなど運動能力が高まり，探索が広がります。全身を使った運動と手指を使った細かい運動のどちらにも興味を持ちます。外遊びや手遊びなどを取り入れると，遊び感覚で身につけられます。

　また，生活の中で，「みて」「みてて」と養育者や保育者など大人に呼びかける場面が見られます。認めてほしい，助けてほしい，関心を向けてほしい，一緒に遊ぼうという誘い，自分への励ましも含まれています。「みてみて」という発話は，一緒に体験することや観客を求めて，自分をわかってほしいというサインなのです。体験を共有することにより，関係を築く時期でもあります。

2）子どもの意欲を育てる支援

　しつけに偏ると，できる・できないに注目するあまり，子どもの肯定的な面が見えにくくなります。保育者は子どもの行動や表情から，

→ 10　排泄の間隔が長くなると，身体的・生理的機能が自律に向けて整ってきたことを示す。排泄を自覚できるようになると，その直前にそぶりやサインを発するので，タイミングよく声がけしてトイレなどに誘うことで自律を促せる。排泄の自律には個人差があり，あせらず，気長に取り組めるよう支援する。

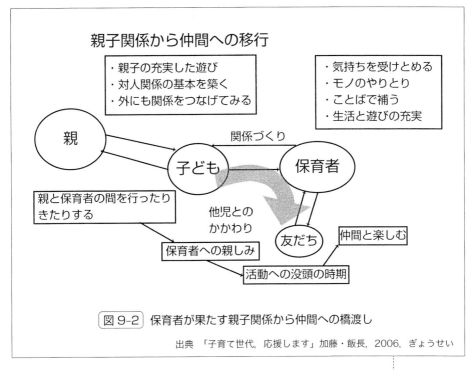

図9-2 保育者が果たす親子関係から仲間への橋渡し

出典 「子育て世代，応援します」加藤・飯長，2006，ぎょうせい

言語化しにくい子どもの思いをよみとり，子どもと養育者とのコミュニケーションややりとりを促進するように支援します。

3）親子から仲間へ

探索活動が広がることによって，エネルギーを家庭内で発散するだけでは物足りなさを感じます。家庭外の子ども同士や地域におけるつながりをどう広げていくかが課題となります。

図9-2は，親子関係から仲間と楽しむようになるプロセスを示しています（加藤・飯長，2006）。

親子の間に遊びが成立し，関係の基礎を築き，家庭外の関係に広げられるよう，支援していくことによって，子どもは保育者を介して，仲間と生活や遊びを楽しめるようになります。保育者は，親子関係から仲間関係へと子どもをつなぐことで家庭支援の役割も果たしていると考えられるのです。

第5節　おおむね3歳の子どもと親子関係

1) 関係を築く支援

　子どもは関係の中で育っていく存在で，子どもを取り巻く人々が子どもの発達状況を理解したうえで，関係を築くことが大切なのです。幼稚園や保育所に対して，母親からは「子どもに友だちづきあいが上手になるような働きかけをしてほしい」「集団生活のルールを教えてほしい」など人との関わり方に関する要望が高いという調査結果があります（ベネッセ教育研究開発センター，2006）。

　3歳児は親子関係とともに友だちとの関係が広がる時期です。保育者は，友だちと関わる気持ちを育てる交流を進めることによって家庭では育むことが難しい関係を築く援助を行います。このような橋渡しは，子どもにとっても親子関係にとっても支援につながるのです。

　コラムでは，学生が実習を通し，子どもと関係を築いていった様子を内省とともによくとらえられています。

2) 3歳児健診を機会にはじめる支援の連携

　この時期の健診では子どもの身体運動的発達や言語・認知発達の状況をとらえ，発達の側面と子どもをとりまく人々の関わりなどの環境の側面に注目して，発達障害に早期に対応できるような発達支援，子育て支援につなげます。3歳児健診の位置づけは，幼児期後半の発達の大事なポイントとなる，ことばの理解や会話のやりとり，指示の理解，こだわりやかんしゃくの程度，他児との関わり，基本的生活習慣やリズムなどの発達を保護者と共に確認することにあります。

　医師による診察，身体計測，発達面，生活面，栄養面，むし歯予防に関する面接や個別育児相談などが実施されています。その結果を受けて，地域の親子教室や療育機関など他機関への紹介，経過観察，電

9章　発達に応じた親子関係と支援

> COLUMN
> **「3歳児の困惑によりそう」支援を実習から学ぶ**
> いつも友だちとの関わり方がよくわからなくって手が出てしまったり，「～してね」という私の声かけを聞いてくれず，無視したりする子のことで大変苦労しました。しかし，「まずはその子とたくさん遊んで下さい」という助言を受けて，毎日毎日たくさん関わりました。その子のよい所も悪い所もたくさん知ることによって，私の中で，その子は困った子どもではなくなり，その子自身が困っているんだと考えられるようになりました。そう思えるようになった頃から，その子の方から，私に関わってくれることもだんだん増えてきました。
> 　責任実習当日に，その子は「○○できたよ。次は△△だね」などと，私に，初めて報告してくれました。いつもはこちらが声かけしても，うなずくだけだったので，とても嬉しいできごとでした。責任実習に向けて私は，言うことを聞いてほしいと自己中心的な考えで焦っていたのです。そういう私の思いがいけなかったのです。
> 　その子とたくさん関わることで，私はその子を知りたくなり，それでその子は私に興味を持ってくれた。やはり，ていねいな関わりを積み重ねていくことが信頼関係の土台になる，ということです。このような理解が保育の大切な部分だったことに気づきました。

話連絡，訪問，相談など連携していくことが求められます。見えにくい子どもの障害や病気，発達的側面を発見することと同時に，家族への支援は欠かすことはできません。

　保育者は実践を通して，対象となる幼児を支援することが求められます。そのためには，まずアセスメント→11 を行います。保育場面で，対象児に対応するときにはどのような難しさがあるか，対象児がどんな困り感を抱えているかについて，現場の状況を具体的に記録しておくことが求められます。対象児の身体・生理的側面，認知的側面，社会情動的側面という個人的特徴と併せて，他児との関係，クラスの状況，家族関係，家族のとらえ方などについても，時間軸に沿って書き留めておきます（西本，2011）。

　対象児の行動に対する理解を深め，予測したり，保育の方向性を考えるために記録することは大切です。他機関と連携する際に，保育者は，保育現場に関する情報を専門的立場から提供します（木原，2011）。

←11　身体的（生理・医学的側面），認知面（認知・言語的側面），社会情動面（自我・情動・対人関係的側面）といった対象児の個人的評価と，環境（家庭・園・クラスの物理的・人的環境）との関わりの評価について，発達の遅れや対人関係の難しさ，情動コントロールの難しさをまとめ，総合的に判断すること。

第6節　おおむね4～6歳の子どもと親子関係

1）集団の中で育つ力

　基本的な生活習慣が確立し，仲間と活発に行動します。幼稚園，保育所の集団生活で，家庭とは異なる経験をふやしていきます。人間関係を積み重ねるにしたがって，「わたし，あなた」の二者関係だけでなく三者関係についても，それぞれの立場を踏まえて理解できるようになります。

　園の遊び・生活の中で，子どもたちは気持ちを表現する場面が増えていきます。集団の中ではそれぞれの思いがぶつかり，不安定な気持ちになったり，仲間との葛藤を抱えることもあるのですが，こうして相互に調整していく機会にもなります。

　それぞれの思いを伝え，相手の気持ちに気づいたり，高めあったり，ぶつかる体験があるからこそ自己調整する力が育つのです。子ども同士気持ちを類推したり，見通しがつくようになり，共通の目的をもって協力する姿もみられ，社会性が育っていきます。

2）保護者の支援

　友だちとうまくつきあえないなど訴えがある場合，子どもの気持ちに耳を傾ける家庭の雰囲気が大切です。子ども同士の関係について保育者は保護者から相談を受けることがあります。保育所保育指針（2008）では，保護者支援は子どもの保育との密接な関連の中で，送迎時の対応，相談や助言，連絡や通信，会合や行事などの機会を活用して行うこと，子どもの様子や日々の保育の意図などを説明し保護者との相互理解を図ることとされています。保護者と信頼関係を築き，保護者の置かれた状況や気持ちを受けとめ，安定した親子関係に配慮し，養育支援に向けて努めることが必要になります。

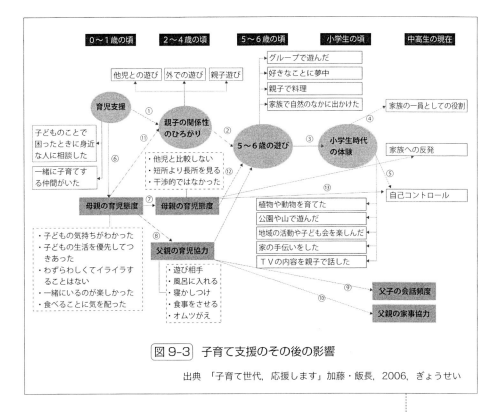

図9-3 子育て支援のその後の影響

出典 「子育て世代,応援します」加藤・飯長,2006,ぎょうせい

3）親子の実体験を通して発達を支援することの重要性

　図9-3は,子育て支援とその後の影響に関する調査をもとにまとめたものです。4歳までの母親の肯定的な育児態度,父親の育児協力,親子から仲間に広がった遊びのそれぞれが,5～6歳時期になると,自然に親しむこと,好きなことに夢中になれること,友だちと関わりを持つこと,遊びや料理など実体験を通して育つことにつながっていることを示しています。

　乳児期の育児支援によって,父母の育児を促し（⑥,⑦,⑧),親子関係が外へと広がり（①,⑪),5～6歳の遊びや自然体験に影響を与えます（②,⑫)。さらにそのことが,学童期の豊かな体験につながり（③),中高生時期の家事行動（④),自己コントロール（⑤,⑬)に影響することが明らかになっています。

第7節　学童期の子どもと親子関係

1）学童期の体験と発達

　先に挙げた図9-3は，5～6歳までの様々な体験が，学童期の外で遊ぶ経験，地域の活動や子ども会への参加，家事の手伝い，親子で会話する体験に関連し，家庭支援が長期的にも影響することを示しています。

　学童期には，本格的な学校教育を受けることで，将来の生活に必要な知識と行動も身につけます。この時期の認知発達は，具体的操作から抽象的操作に移行します。抽象的な概念を用いて思考できるようになり，体験のみならず教科カリキュラムによる学修も進みます。

2）学童期の社会化

　一方，この時期には，仲間関係を築き，社会的スキルを身につけていきます。図9-3を見ると，中学生の自己調整や，家事や手伝いなど家族の一員としての役割につながることがわかります。

　仲間とともに時間・空間を共有する，学校・放課後の生活の場では，家庭とは違った葛藤を抱えることもあります。安心を生み出せるルールを仲間と共に獲得するという主体的な活動につながる一方で，役割・ルールがあること，規則を守らないときには，罰則があることも学んでいくのです。

3）学童保育による家庭支援　（→7章 p.104）

　子どもの発達は，学校生活・日常生活での学習，遊び，人間関係を積み重ねていく中で達成されます。子どもがどのような環境で人間関係を築いて暮らしているかを把握することが大切です。

　2012年に制定された「子ども・子育て支援法」において，「地域子

表9-2 学童保育の数・入所児童数の変遷と待機児童数（2013.5.1現在）

全国学童保育連絡協議会調査（2013）		
年度	学童保育数	入所児童数
1993	7516	231500
1998	9627	333100
2003	13797	538100
2006	15858	683476
2007	16668	744540
2008	17495	786883
2009	18475	801390
2010	19744	804309
2011	20204	819622
2012	20846	846967
2013	21635	888753

学童保育の待機児童を把握している自治体数と待機児童数				
	2010年	2011年	2012年	2013年
待機児童を把握している	76.8%	76.8%	63.1%	78.7%
待機児童がいない	76.2%	77.9%	70.5%	76.9%
待機児童がいる	23.8%	22.1%	29.5%	23.1%
待機児童数	6208人	6066人	5936人	6944人
把握していない	20.0%	20.5%	22.1%	17.3%
未回答	3.2%	2.7%	14.8%	4.0%

全国学童保育連絡協議会は毎年共働き・ひとり親家庭等の小学生が利用する学童保育について調査を行っている。

出典　全国学童保育連絡協議会「学童保育（放課後児童クラブ）実施状況調査」2013年8月
http://www2s.biglobe.ne.jp/Gakudou/2013kasyosuu.pdf

ども・子育て支援事業」として位置づけられた学童保育の役割は，親の就労と養育支援を実現することです。親に代わって子どもが落ち着いて安心して生活できるような保育を実践する場ですが，調査によると様々な問題を抱えていることがわかります（全国学童保育連絡協議会，2013）。

2013年現在の学童保育数は全国2万1635か所，入所児童数は88万8753人で毎年増え続けてきました。しかし待機児童がいるとした自治体は23.1%を占めており6944人とされ，整備が遅れています。また人数の多い学童保育では，事故やけがが増える，騒々しく落ち着かない，とげとげしくなる，ささいなことでけんかになる，おとなしい子は放っておかれる，指導員の目が行き届かない，遊びや活動が制限される，など指摘されており，課題を抱えています。待機児童の問題，基準の整備の遅れ，指導員の質の確保など早急に取り組む必要があります。こうした課題は，現場の保育者がすぐに解決することは困難で，社会の仕組みづくりを考えていく必要があります。学童保育における待機児童数の増加や潜在的待機児童への支援，学童保育の整備の遅れ，障害児の受け入れについては，緊急に施策の充実をはからなくてはなりません。

■演習課題

1. 保育所・幼稚園の実習期間中あるいは自主実習やボランティア活動などの際に、親子の送迎時の様子から具体的な親子分離、親子再会の場面を観察してみましょう。保育者はどのような声かけをして、どのように関わっているかについて書き留め、親の視点、子どもの視点、保育者の視点からとらえてみましょう。グループで子どもの発達に応じてどのような支援の違いがあるかについて話し合ってみましょう。

2. 家庭支援について、子どもの発達時期に合わせた配慮を考えて、図に表してみましょう。子どもの発達時期を選び、①その時期の特徴、②特別な配慮が必要になる特徴を書きこみ、養育者の③子育ての難しさ、④背景をまとめ、⑤どんな支援が必要か考えてみましょう。

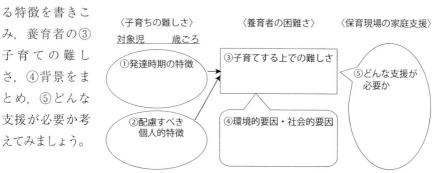

【文献】

石川県健康福祉部少子化対策監室子育て支援課マイ保育園（石川県）みんなで子育て応援事業の実施結果（2008年3月）http://www.mhlw.go.jp/shingi/2009/12/dl/s1204-9e.pdf より引用

遠藤利彦（2007）「アタッチメント理論とその実証研究を俯瞰する」数井みゆき・遠藤利彦（編著）アタッチメントと臨床領域　ミネルヴァ書房　pp.1-58

柏木惠子（1983）子どもの「自己」の発達　東京大学出版会

加藤邦子（2006）「子ども同士・親同士のつながり」加藤邦子・飯長喜一郎（編著）子育て世代、応援します！保育と教育の場で取り組む"親の支援"プログラム　ぎょうせい　(p.21, p.183)

菅野幸恵・塚田みちる・岡本依子（2010）エピソードで学ぶ赤ちゃんの発達と子育て　新曜社 p.39

木原久美子（2011）「保育を通した家族支援」秦野悦子・山崎晃（編著）保育の中での臨床発達支援　ミネルヴァ書房　(pp.120-128)

全国学童保育連絡協議会「学童保育（放課後児童クラブ）実施状況調査」（2013年8月）http://www2s.biglobe.ne.jp/Gakudou/2013kasyosuu.pdf より引用

西本絹子（2011）「保育における発達アセスメント」秦野悦子・山崎晃（編著）保育の中での臨床発達支援　ミネルヴァ書房　(pp.97-107)

ベネッセ教育研究開発センター（2006）幼児生活アンケート報告書・東アジア5都市調査――幼児をもつ保護者を対象に

Bowlby, J.（1991）黒田実郎・大羽泰・岡田洋子・黒田聖一 訳　母子関係の理論 I 愛着行動　岩崎学術出版

Mahler, M. S., Pine, F., & Bergman, A.（1981）乳幼児の心理的誕生（高橋雅士・織田正美・浜畑紀 訳）黎明書房

10章　発達障害がある子どもと家族

第1節　発達障害とはなにか

1）発達障害の定義

　子育てをめぐる様々な学問分野の発展に伴って，以前にはなかった様々な概念や用語が登場してきています。今世紀になって，こうした新しい用語の中で最もよく聞かれる用語の1つが発達障害です。

　「発達」も「障害」もともに，よく使われる言葉ですので，発達障害という言葉自体はそんなに目新しいものではないかもしれません。「発達障害？　ああ，発達に障害がある状態だね」と単純に言い切れればよいのですが，発達障害という言葉を厳密に定義することはとても難しいのです。

　ここで発達障害を一旦定義してみます。発達障害とは「生まれつきの脳機能の偏りによって，乳幼児期からみられる社会生活上必要な認知や行動の発達が不十分な状態を示す。知的障害を伴うこともあるが多くは知的障害を伴わない。原因は遺伝子が関与している」となります。これではかえってわかりにくいかもしれませんが，上記の定義のキーワードは，「生まれつき」「脳機能の偏り」「認知や行動の発

COLUMN
発達障害の診断名について

　最もよく使用されているアメリカ精神医学会の発達障害を含めた精神疾患の診断基準が最近改訂され（DSM-5），自閉症スペクトラムや注意欠陥多動性障害の診断基準に変更が加わりました。自閉症スペクトラム障害では，アスペルガー症候群の名称がなくなり，注意欠陥多動性障害では，症状初発年齢が7歳から12歳まで引き上げるなどの変更がありました。

　診断基準の改訂とともに，これまでの日本語の翻訳名を変更することが日本精神神経医学会から提案されていますが，これは一学会としての提案であり，医師や臨床心理などの専門家がすべて同意したものではありません。本稿では，すでに診断を受けた患者さんや，これまでの膨大な出版物内の記載を重視し，混乱を避けるために従来の診断名を使用し，新しい和訳名はそのあとに括弧（　）に入れて記載したいと思います。

10章 発達障害がある子どもと家族

表10-1 発達障害の特徴

	自閉症スペクトラム	注意欠陥多動性障害〔注意欠如・多動症〕	学習障害〔学習症〕
英文名（略称）	Autism Spectrum Disorder (ASD)	Attention Deficit Hyperactivity Disorder (ADHD)	Learning Disorder (LD)
頻度	1%	3%	3%
男女比	5：1	5：1	男＞女
特徴	言語遅滞 社会性の障害 こだわり 感覚過敏 常同運動 てんかん合併（15%） 知的障害合併（80%）	集中困難 多動 衝動性 物忘れ 整理整頓苦手 二次障害が多い	読み書き障害 算数障害 推論障害
その他		薬物療法有効（コンサータ，ストラテラ）	

不全」「遺伝子」になります。

つまり，発達障害はその発症に遺伝子が関与し，生まれつきのものである，といえます。しつけや養育方法によって，発達障害になることはありません。また，発達障害の認知や行動の特徴は，その背景にある脳の働き（脳機能）に起因しているということです。

発達障害の定義が難しい理由は，複数の障害（疾患）が含まれるからです。発達障害を全体として定義するのは困難ですが，発達障害は次の3つの障害の集合体と考えればより容易に理解できます。

○自閉症スペクトラム障害（広汎性発達障害とも呼ぶ，ASD）
○注意欠陥多動性障害（〔注意欠如・多動症〕，ADHD）
○学習障害（〔学習症〕，LD）

発達障害とは，これら3つの障害の総称であるといって大きな間違いはありません。表10-1に，3つの発達障害の特徴をまとめます。表から発達障害に共通するいくつかの特徴がわかると思います。

まず，その頻度（発生率）の高さです。知的障害〔知的発達症〕や肢体不自由などの従来の「障害」の頻度は子ども全体の2～3%とされています。本章第5節で述べるように，注意欠陥多動性障害〔注意欠如・多動症〕だけで，それに相当する頻度が示されています。

もう1つの特徴は，男児に多いということです。その理由は，現在のところわかっていません。

第2節 発達障害の現状と課題

1) 発達障害の子どもはどのくらいいるのか（疫学）

　皆さんの中には，最近発達障害が増えている，という話を見聞きしたことがある方が大勢おられると思います。専門家の中にも，最近発達障害は増えている，と述べている人がいます。実際，今から20年以上前には発達障害という名前が，育児，教育，医学関係の本に登場することはありませんでした。つまり発達障害は比較的新しい概念であるということです。なぜ，このような新しい概念が出てきたのでしょうか。1つの回答は，そうした状態の子どもが増え，目立つようになったからだというものです。しかし，発達障害に関する近年の研究の成果は，そのような仮説と逆の方向を示しています。もし発達障害が遺伝子に起因するものであるのなら，数十年や数百年で変化はしない，というのが現代の遺伝子学が教えるところであるからです。

　発達障害の子どもは，日本にどのくらいいるのでしょうか。この問いに対して，明確な解答を出したのが，2002年と2012年に文部科学省が全国の普通小中学校の児童生徒を対象に行った大規模な調査です。この調査で明らかになったことは，全国の普通学級児童生徒の6.5％に発達障害に該当する認知や行動の特徴がみられるということです。普通学級には知的障害の子どもはごく少数しか在籍しませんので，知的障害〔知的発達症〕のない発達障害は子ども全体の6.5％にも上るということです。

　後述するように，知的障害〔知的発達症〕のある発達障害の子どももいますから，発達障害の子どもは，たぶんそれより数パーセント多いと考えられます。仮に8％とすると，30人学級に2人は発達障害の子どもがいる計算になります。

2）発達障害をめぐる今日の課題

2002年に文部科学省が行った全国調査での結果により，子どもの10％近くの子どもになんらかの教育的支援が必要であることがわかり，2006年より現在の特別支援教育体制が整備されてきました。その結果，少子化で教室や学校の閉鎖が進む中で，特別支援教室，特別支援学校の児童生徒数が増加するという事態が起きています。さらに，すこしでも園や教室での行動に問題があると，発達障害であると安易に診断がくだされたり，定型発達児でさえ通常学級より特別支援学級の方が手厚く質の高い教育が受けられるといった考え方が全国に浸透してきています。

日本における現在の特別支援教育体制では，子どもに発達障害があると，特別支援教室や特別支援学校で対応するという考え方が主流となっています。定型発達の子どもたちとは異なった「特別」な指導の方が有効である，という考えた方がその背景にあります。アメリカの多くの州やヨーロッパの多くの国で，発達障害児を定型発達児と一緒に教育するインクルーシブ教育が主流（メインストリーム）になっているのとは，大きな隔たりがあるのが現状です。

インクルーシブ（inclusive　含める，包含するという意味）は，発達障害の子どもを，普通学級に在籍させ，定型発達の子どもたちとの社会的関係の中で教育するという考え方です。もし授業についていけない場合は，その教科について別途，授業を行います。

欧米ではインクルーシブ教育を行っている学校が多く，日本の保育所・幼稚園においても，関係の専門機関と連携しつつ，基本的にインクルーシブな体制をおしすすめようとしています。しかし，まだそのために必要な加配制度が自治体によって，十分整っているとはいえない状況です。

第3節　自閉症スペクトラム障害（ASD）

1）概念

　自閉症スペクトラム障害（以下 ASD）の子どもに対する最も一般的な見方は「何を考えているのかよくわからない」「予想できない行動をする」といったものではないでしょうか。しかし，それは親や保育者からの視点に基づく判断であり，本人自身の困難感をまったく反映していません。ASD の診断基準は，①言語発達の遅れ，②対人関係の質的な障害，③独特のこだわりですが，この3つの特徴のうち，ASD と診断するために必要不可欠なものは「対人関係の質的な障害」です。ほかの2つがあっても，これなくしては ASD とは診断できません。

　では，対人関係における質的な障害をきたす原因といえば，本人の他人の意図や気持ちを理解する認知的能力の発達が不十分であることです。つまり，ASD の子どもたちは，私たちにとってその言動の根拠がわかりにくいのですが，その理由は彼らが私たちの意図や場の雰囲気が理解できず，そのために私たちが期待する言動ができないからです。全く文化や言語の違う人が，日本に来て行動すれば，日本人には奇異にうつると思いますが，それは彼らが日本の行動規範や言語がわからないからであって，決して彼らの思考様式に問題があるわけではありません。

　ASD の診断基準を表 10-2 に示します。

2）行動の特徴

　ASD の診断基準は表に書かれたとおりですが，ASD の子どもによく見られる行動をまとめると以下のようになります。もちろん個人差があり，1人の子どもにこれらの行動がすべて見られるわけではあり

> 表 10-2 ASD の診断基準（DSM-5）[1]

1	複数の状況で社会的コミュニケーションおよび対人的相互反応における持続的な欠陥がある
	a. 相互の対人的-情緒的関係の欠落で，例えば，対人的に異常な近づきや通常の会話のやりとりのできないことといったものから，興味，情動，または感情を共有することの少なさ，社会的相互反応を開始したり応じたりすることができないことに及ぶ。
	b. 対人的相互反応で非言語コミュニケーション行動を用いることの欠陥，例えば，まとまりのわるい言語的，非言語的コミュニケーションから，アイコンタクトと身振りの異常，または身振りの理解やその使用の欠陥，顔の表情や非言語的コミュニケーションの完全な欠陥に及ぶ。
	c. 人間関係を発展させ，維持し，それを理解することの欠陥で，例えば，さまざまな社会的状況に合った行動に調整することの困難さから，想像上の遊びを他者と一緒にしたり友人を作ることの困難さ，または仲間に対する興味の欠如に及ぶ。
2	行動，興味，または活動の限定された反復的な様式
	a. 常同的または反復的な身体の運動，物の使用，または会話（例：おもちゃを一列に並べたり物を叩いたりするなどへの単調な常同運動，反響言語，独特な言い回し）。
	b. 同一性への固執，習慣への頑ななこだわり，または言語的，非言語的な儀式的行動様式（例：小さな変化に対する極度の苦痛，移行することの困難さ，柔軟性に欠ける思考様式，儀式のようなあいさつの習慣，毎日同じ道順をたどったり，同じ食物を食べたりすることへの要求）。
	c. 強度または対象において異常なほど，きわめて限定され執着する興味（例：一般的ではない対象への強い愛着または没頭，過度に限局したまたは固執した興味）。
	d. 感覚刺激に対する過敏さまたは鈍感さ，または環境の感覚的側面に対する並外れた興味（例：痛みや体温に無関心のように見える，特定の音または触感に逆の反応をする，対象を過度に嗅いだり触れたりする，光または動きを見ることに熱中する）。
3	症状は発達早期に存在していなければならない（しかし社会的要求が能力の限界を超えるまでは症状は完全に明らかにならないかもしれないし，その後の生活で学んだ対応の仕方によって隠されている場合もある。
4	その症状は，社会的，職業的，または他の重要な領域における現在の機能に臨床的に意味のある障害を引き起こしている。
5	これらの障害は，知的能力障害（知的発達章）または全般的発達遅延ではうまく説明されない。知的能力障害と自閉スペクトラム症はしばしば同時に起こり，自閉スペクトラム症と知的能力障害の併存の診断を下すためには，社会的コミュニケーションが全般的な発達の水準から期待されるものより下回っていなければならない。

出典　日本精神神経学会（日本語版用語監修），高橋三郎・大野裕（監訳）　DSM-5 精神疾患の診断・統計マニュアル．p.49-50，医学書院，2014

ません。

- 目を合わさない
- 名前を呼んでも振り向かない，返事をしない
- 人見知りがない，少ない
- 後追い行動がみられない
- 大きな音を嫌がって耳をふさぐ

[1] アメリカ精神医学会が制定する精神疾患の診断基準である Diagnostic and Statistical Manual 第5版。精神疾患は，その診断の根拠に血液検査や脳波

- 食べ物の好き嫌いが強い
- 睡眠障害がある
- 迷子になりやすい
- つま先歩きや、ぐるぐるからだを回転させることが好き
- 特定のおもちゃや物、行動にこだわる
- バイバイをしない
- いつもと違う行動を嫌う（園への道筋の変更など）
- 指さしをしない
- 要求は親や保育士の手を引く（クレーン現象）

といった診断の根拠を示すものはないので、行動の特徴だけで診断をしなくてはならない。そのために開発された診断基準で、世界中で使用されている。

3) 家族の困難

　言葉による指示理解が困難なこと、日常生活の基本的習慣が身につかないこと、そして時々情動の不安定さ（パニック行動）が見られることなどが、子育ての様々な場面で家族の困難の原因になります。またASDの子どもの25％にてんかん発作が見られるために、長期間にわたる服薬、通院という医学的なケアも家族にとって大きな負担となります。

4) 家族への支援

障害の理解と需要

　かつてはASDは母親が子どもとうまく愛着関係を作り上げることができないことが「原因」であると考えられてきました。現在ではこの考え方は間違えであり、遺伝的要因が原因と考えられていますが、乳児期のしつけや養育方法が悪かったのではないか、と悩む親が少なくありません。ASDは養育方法やしつけによって発症するものではなく、その発症に関して親には責任はないことをきちんと伝えます。
　また、ASDに対する根本的な「治療」はないことも知らせることが必要です。現在でも、医学的根拠のないASDの「治療法」（キレート療法、脳外科的療法、ビタミン大量療法、食事療法など）が巷に氾濫していますが、それらの治療に走る親の気持ちを受け止めながら、

現時点で有効であることが認められている療育方法に関する情報を提供しつつ，子どもの正確な状態について説明します。

家庭内での子どもへの接し方についての支援

ASDの子どもの家庭内での対応支援には大きく分けて2つの目的があります。

1つは，家庭内での子どもの発達支援です。言葉や身振りによるコミュニケーション，基本的生活習慣の発達を促す家庭内での養育方法について，療育の専門家（臨床心理士，特別支援教員，言語聴覚士）の助言をもとに教授します。

もう1つは，こだわり，パニックなどの不適応行動への対処方法の教示です。基本的には行動療法に基づく対応方法のうち家庭内で実施可能な手法（クールダウン→2，プロンプト→3，シェーピング→4など）について伝えます。

ASDの子どもは，場所や状況の変化への対応が苦手であり，そのために特定の行動を忌避したり，対応の仕方がわからずパニックに陥ったりしがちです。家庭内での日常生活行動と，その場所と時間をできるだけ変えないようにし，規則正しい生活を送るようにします（構造化）。

親への心理的支援

ASDは，合併する知的障害〔知的発達症〕の程度によって，社会への適応には大きな幅がありますが，どんなASDの子どももその子に独自の速度で発達していきます。ASDの子どもとの日常の対応の苦労と，将来に対する不安は，親にとって大きな心理的負担になります。

ASDには根本的な治療法がないために，こうした不安から様々な根拠のない民間療法→5（食事療法，キレート療法など）に惹きつけられる親も少なくありません。根本的な治療はなくとも，社会適応を改善させる療育方法があること，また療育方法の如何にかかわらず，子どもには確実に発達がみられることを伝えます。

←2 パニックなどの症状が自然に治るまで，別室など静かに過ごさせ，積極的な働きかけを控える対象法。

←3 適切な行動を促すために，必要なときに子どもにサイン（キュー）を出す対応法。

←4 形づくる（shape）から派生した対応法。適切な行動を誘導するために，子どもの後方に立って手を添えて行動を促すなどの手助けをするもの。

←5 現代医学では，治療などの有効性は多数の人に対して，治療をした人としない人の有効性の差を，厳密な統計的手法で検証することが必須の条件になっている。

第4節　自閉症スペクトラム障害への その他の支援

1）社会サービスの利用

ASDの子どもの健康維持と教育，社会参加を援助するには親だけでは困難です。医療，福祉，教育に関わる社会サービスが利用できること，利用のための公的な機関やサポートグループの支援に関する情報を伝えます。

年齢に沿った社会サービスの窓口を表10-3に示します。

表10-3　社会サービスの窓口

乳幼児期	地域保健所 保健センター
小中学生	教育相談所 地域発達障害支援センター スクールカウンセラー 民間サポートグループ（自閉症親の会など）
全年齢	特別支援センター 総合病院の小児神経科 児童精神科

2）きょうだいへの支援

ASDに限らずきょうだいに障害のある子どもがいると，障害のない子どもへの育児力が低下することが知られています。サポート団体には，ピア（きょうだい）サポートを行っているところがあるので利用します。

3）専門家との連携（医療と保育の連携）

ASDは狭い意味での医学的治療の対象にはなりませんが，子ども

の発達の評価，診断，てんかんなどの合併症の治療は，主に小児科医あるいは児童精神科医が担当します。診断は必ずしも必要はない，という考え方は正しくありません。子どもの発達や行動に気になるところがあったら，保護者が気づいていない場合には，保育士や幼稚園教諭が，そのことを親に告げる必要があります。「障害があると園をやめる，あるいは変更しなくてはならない」という不安が親にはあるので，一緒に子どもを見てゆくことを前提とした提案（専門家への相談）をするようにします。

4）療育のあり方

 ASDには様々な療育の方法があります。前述のようにその客観的評価（エビデンスに基づく評価）が必ずしもない療育方法もあります。現在世界的にその効果の保障があるものとしてはTEACCH（ティーチ）メソッドや応用行動分析（ABA法）があります。また日本では従来より，太田ステージ法や感覚統合訓練などがありますが，その評価はまだ定まっていません。現在ではどのような治療法や療育方法でも，きちんと対照をおいて比較検討することが求められています。対照をとるとは，ある特定の治療法や療育方法を実際に行うグループと，行わないグループに分けて，行ったグループのほうが，言語発達や社会性などの行動面で統計的に明らかに優れていることを示さなくてはならないのです。しかし，これは実際には倫理的に難しく，自閉症に対する様々な療法でそうした厳密な検討がなされたものは少ないのです。応用行動分析療法やTEACCHは，評価されている数少ない例です。「評価が定まっていない」としたのはそのためです。

 かつては，ASDは母親が適切に愛着関係を築くことができなかったことがASDの「原因」と考えられていたことがあったために，まずは母親が子どもと愛着関係を成立させることが重要との考えから，保育所や幼稚園への通園を控えるように指導されたことがありましたが，現在ではむしろ早い時期から保育所や幼稚園で他児と関わるほうが，言語や社会性の発達にとってよいと考えられています。

Ⅲ部　家庭支援が特別に必要になる場合

第5節　注意欠陥多動性障害（ADHD）

1）概念

　ASDや学習障害〔学習症〕より，発達障害としての概念の確立時期が新しく，まだ社会的に十分認知されていない発達障害です。原因はまだ十分にはわかっていませんが，遺伝要因と，子宮内および生育環境が関連しているといわれています。私たちの認知と行動をつかさどる脳にある実行機能とよばれる行動調節能力の発達が不十分であることが，次項で述べる行動の特徴につながっています。実行機能のなかでも，注意集中，情動の抑制，短期記憶←6などが特に大きく関わっています。家族性があり，ある子どもがADHDであるとすると，その母親の20％，父親の30％に，ADHDの行動特徴が見られるといいます。また兄弟もADHDであることがよくあります。このことは家族の支援を考えるときに重要です。

➡6　私たちの記憶にはいろいろな種類があり，記憶の種類によって関連する脳の部位も異なっていることがわかっている。過去の思い出（例えば，過去に行った海外旅行のこと）は長期記憶に分類されるが，今終わった電話での会話内容の記憶などは時間的経過が短く，「短期記憶」に分類される。短期記憶のうち印象が強かったものは，主に睡眠中に海馬とよばれる脳の部分の働きで長期記憶に登録される。

2）行動の特徴

　行動の特徴は，ADHDの診断基準に明確に記載されています。表10-4にADHDの診断基準（DSM-5）を示します。

　表10-4の症状の前半10個は注意欠陥症状，後半の9つは多動・衝動性の症状ですが，それぞれの症状カテゴリーのうち6つ以上が存在し，そのために日常生活上に支障があればADHDという診断になります。表10-4の症状をよく見ればよくわかりますが，すべていわゆる「問題行動」とみなされる症状であることに注意してください。

　ADHDは発達障害のなかで最も頻度の高いものです。日本では3～4％の子どもがADHDであるといわれていますが，アメリカやオーストラリアでの調査では子ども全体の7～8％がADHDであると報告されています。

10章 発達障害がある子どもと家族

表10-4 ADHDの診断基準（症状）DSM-5

〔不注意〕
(a) 学業，仕事，または他の活動中に，綿密に注意することができない。または不注意な間違いをする。
(b) 課題または遊びの活動中に，注意を持続することが困難である。
(c) 直接話しかけられたときに，聞いていないように見える。
(d) 指示に従えず，学業，用事，職場での義務をやり遂げることができない。
(e) 課題や活動を順序立てることが困難である。
(f) 精神的努力の持続を要する課題に従事することを避ける，嫌う，またはいやいや行う。
(g) 課題や活動に必要なもの（例：学校教材，鉛筆，本，道具，財布，鍵，書類，眼鏡，携帯電話）をなくしてしまう。
(h) 外的な刺激によってすぐ気が散ってしまう。
(i) 日々の活動（例：用事を足すこと，お使いをすること，青年期後期および成人では，電話を折り返しかけること，お金の支払い，会合の約束を守ること）で忘れっぽい。

〔多動性および衝動性〕
(a) 手足をそわそわと動かしたりトントン叩いたりする，またはいすの上でもじもじする。
(b) 席についていることが求められる場面で席を離れる。
(c) 走り回ったりよじ登ったりすることが不適切な状況でそのような行為をする。
(d) 静かに遊んだり余暇活動につくことができない。
(e) "じっとしていない"，またはまるで"エンジンで動かされているように"行動する。
(f) しゃべりすぎる。
(g) 質問が終わる前に出し抜いて答え始めてしまう。
(h) 自分の順番を待つことが困難である。
(i) 他人をさえぎったり，割り込んだりする（例：会話，ゲーム，または活動に干渉する；相手に聞かずにまたは許可を得ずに他人の物を使い始めるかもしれない；青年または成人では，他人のしていることに口出ししたり，横取りすることがあるかもしれない）。

出典　日本精神神経学会（日本語版用語監修），高橋三郎・大野裕（監訳）　DSM-5 精神疾患の診断・統計マニュアル，p.58-59，医学書院，2014　を改変．〔多動性および衝動性〕(c)と(i)を改変．すべての症状に「しばしば」という表現がついているが，表では省略．

3）家族の困難

　ADHDの子どもがいる家族は，3つの大きな困難を抱えています。
　1つは，家庭内におけるADHDの行動特徴による困難です。家庭

内のしつけや整理整頓，あるいは家事手伝いなどはADHDの子どもではうまくゆきません。叱ってばかりいることによって，子どもの自尊感情が低下するだけでなく，親や年長者の言いつけを聞かない，あるいは無視するといった二次障害（反抗挑戦性障害）の行動特徴を示すようになります。

2つ目の困難は園や小学校における問題行動の多発です。立ち歩きや離席行動，集団行動への不参加，他児との喧嘩だけでなく，所持品の紛失やルールを守らないなどの行動特徴のために，園や学校生活がうまくゆきません。

3つ目の困難は，問題行動のために叱責されることが多く，いじめや仲間外れの対象になりやすく，そのために二次障害として上述の反抗挑戦性障害だけでなく，不安障害やうつ，あるいは非行（素行障害，行為障害〔素行症〕）の行動特徴を示すようになることです。

前述のように，家族の別の成員の中にもADHDの行動特徴を持つ人がいる可能性が高く，家庭生活はストレスに満ちたものになりやすいのです。

4）ADHDへの家族支援

こうしたハイリスクの家族支援の中心となるのが，親にADHDの特徴を教えるだけでなく，ADHDによる問題行動への家庭内での対応方法を教授するペアレント・トレーニングです。まだすべての医療機関で行われているわけではありませんが，徐々にペアレント・トレーニングを行う医療機関が増えています。

ADHDの子どものいわゆる問題行動は決して本人が意図的にやっているのではないことを，家族に周知することが重要です。問題行動を叱ることでは改善しないこと，むしろ問題行動をしなかったときにすかさずほめたり，集中しやすい環境づくりをすることが有効であることなどについて家族に啓発を行います。また近年はADHDに対する有効な医学的治療法（薬物療法）が確立していますので，医療機関への紹介も行います。

5) 専門家との連携（医療と保育の連携）

　ADHD は狭い意味での医学的治療としてコンサータやストラテラという薬が行動の改善だけでなく，うつや不安障害，非行などの二次障害の防止に有効であることがわかってきました。すべての ADHD の子どもが薬物療法の対象になるわけではなりませんが，問題行動が激しい場合には薬物治療という方法があることをまず家族に知らせ，小児神経科医や児童精神科医を紹介します。ADHD という障害の存在だけでなく，薬物療法が有効であることへの社会的認知はまだ低いのが現状です。専門家の中にも薬物療法に対する誤解があります。

　ASD 以上に社会的認知が低い ADHD は，親は気がつかず，園などの集団生活の中で初めて気がつかれることが多く，気づいた保育士や教師がそれを親に伝えても親が納得しないことがよくあります。親に告げるときには ASD 同様の留意が必要です。

6) 療育のあり方

　かつては ADHD に対しては行動療法などの心理的アプローチが主体でしたが，現在は薬物療法の比重が重くなってきています。知的障害〔知的発達症〕や ASD などの合併がない場合は，ADHD 児は基本的には通常園や普通学級に在籍しながら対応するのが基本です。園や教室では，本人の席の位置（前方がよい）や教授法（1つの課題を短く）などの集中しやすい環境の整備と，行動療法の応用であるトークンエコノミーやタイムアウトなどの方法が行われます。

　トークンエコノミーは，前もって決めた望ましい行動（離席しない，宿題を提出する，私語を慎む）に対してトークン（代用貨幣→7，あるいはシール）を渡し，逆に望ましくない行動（離席行動，私語，教師の指示に従わない）ではトークンを返却してもらう方法です。トークンが一定数以上たまると，報償（おやつ，給食増量，係免除など）が与えられ，成功体験ができるように工夫されています。ADHD 児の長期的な予後を見ると，自尊感情低下に伴う不安やうつがありますが，それらを未然に防止するための工夫です。

←7　ゲームセンターで使用するゲーム用のコインや，カジノで使うチップなども代用貨幣の例である。

■演習課題

1. 自閉症スペクトラム障害の3つの基本的な症状を書きなさい。

2. 発達障害に含まれる3つの障害をあげなさい。

3. 発達障害に共通する特徴をあげなさい。

11章　家族の病理とその対処

第1節　家族の病理

1）家族システム論

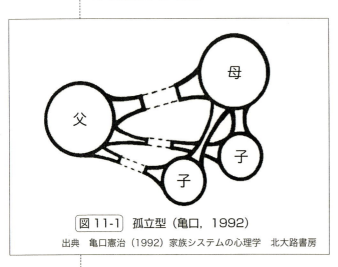

図11-1　孤立型（亀口，1992）
出典　亀口憲治（1992）家族システムの心理学　北大路書房

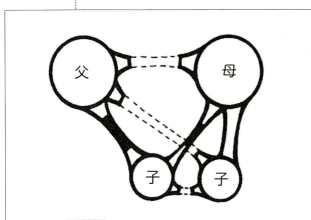

図11-2　迂遠回避型（亀口，1992）
出典　亀口憲治（1992）家族システムの心理学　北大路書房

　家族の病理を家族システム論から考えます。家族システム論とは，家族の個々のメンバーを独立した存在として考えるのではなく，相互に関係するシステムとして考える立場です。

　家族は個々のメンバーが相互に関連しあって健康な状態を作っていますが，病的な関係が生じることもあります。その中から，①孤立型と②迂遠回避型（攻撃型と保護型があります）について説明します（亀口，1992）。

①孤立型（図11-1）
　父親が仕事優先で，家族メンバーとの情緒的交流のない状態で

す。父親が家族メンバーと情緒的に関わっていない場合，一家のまとめ役である父親がその立場を自覚して参加することを促進していくことが効果的です。

②迂遠回避型→1（攻撃型と保護型，図11-2）

夫婦間の対立や葛藤があるのに直接夫婦間で向き合うことが回避され，それが子どもに対する厳しすぎるしつけというかたちで攻撃的に出されている状態です（攻撃型）。

一方，これが攻撃でなく過度に保護的になるのが保護型です。この場合保護は過度な不満や不安に基づくものなので，自然な保護的機能を超え，子どもの自立を阻害してしまいます。以下に迂回保護型の過剰な不安に基づく保護型のケース例を述べます。

2）ケースA

小学2年生のA夫が学校に行かなくなったきっかけは，給食を食べられず叱責されたことでした。家で母と過ごす時間が長くなって，A夫は急に甘えん坊になり，添い寝を要求するようになります。これを母親が保護的に満たしてやったのは，A夫がとても不安になっていることが，よくわかったからでした。

実は，不安なのはA夫だけではなく，母親もA夫が登校拒否を起こす3か月前，酒を飲んでは暴力をふるう夫にたまりかね，姉とA夫を連れて実家に逃げ帰ったことがあったのです。夫に泣いて詫びられ，結局もとの鞘に収まったのですが，この事件をきっかけに母親の夫に対する不満が一気に噴出しました。母親は夫と生活していることを堪らなく不安に感じ始めていたのです。

この過剰な保護は，実際は夫に対する不満が迂回的に表現されたものだったのです。

←1　母親と父親（夫婦）が，自分たち自身の問題に向き合わないために，そのストレスの解消が子どもに向いてしまうこと。子どもに対して母親や父親が過度に保護的になるか，あるいは厳しく攻撃的になる。子どもに問題行動が現れると，この傾向はさらに極端になる。

Ⅲ部　家庭支援が特別に必要になる場合

第2節　親の病理

1）親の役割

　親の仕事は子どもを保護し育てることと社会のルールを伝えることです。とりわけ必要なのは保護そして母親との間に信頼感を作ることですが，育児の時期に母親が，うつ状態であるなどの問題があると，母親から自立していくことが困難な課題になります。この自立の過程を分離個体化[2]のプロセスといいます。このプロセスに失敗すると親との間で葛藤が強く自立に失敗してしまいます。

　母親との信頼と心理的分離の関係を説明します（図11-3）。信頼も分離も低いと，母親との関係は葛藤的になり，一貫した関係を人との間に作ることができなくなります。臨床的にはこの型の子どもの病理が最も深くなります。また心理的分離が低いと過度に依存した密着型になり，母親も同時に依存性が高いと共依存の状態になってしまうのです。信頼感ができていないと，情緒的な関係を人との間に築けない

➡2　マーラー（1897～1985）の使った用語で，子どもは母親からの誕生から3年遅れて，心理的には3歳頃に母親から離れて自立するという考え方。そのプロセスは，①母と自分が別の存在であるとわかりはじめる6か月頃の分化期，②12か月頃の歩きはじめの時期である練習期，③1歳半～2歳半頃の，母親から離れるがすぐに不安になって，まるでエネルギーが切れたように母親に再び接近・接触する再接近期，④心の中の母親イメージが安定する情緒的恒常性の確立期，という4段階を経て，自立へ向かう。

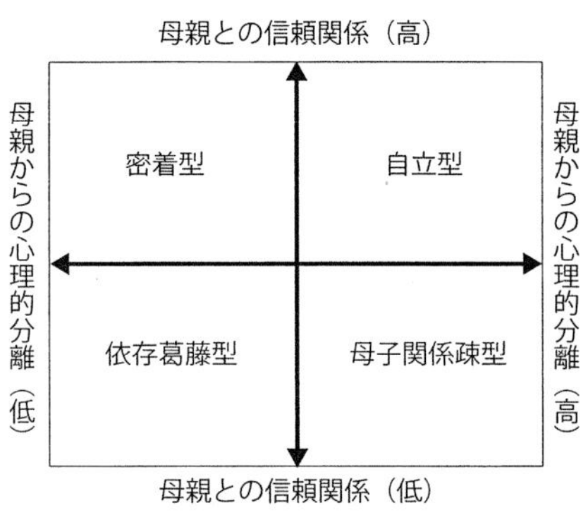

図11-3　母親との信頼と心理的分離の関係（水木・山根，2011）

出典　水木深喜・山根律子（2011）青年期から成人期への移行期における母娘関係．教育心理学研究，59（4）:462-473

> **COLUMN**
> **good enough mother**
> ウィニコット（1896～1971）の使う代表的な用語です。「ほどよい母」とか「ほぼよい母」と訳されますが，私は「満足のいく母」という訳語がいいのではないかと思っています。母親に完璧を求めるのではなく，「だいたいで，いいじゃない」というアドバイスは，完全を求める母だけでなく，普通の母親にとっても救いです。ウィニコットは，朝の早い時間を心理療法に使い，その後は，パディントン・グリーン小児病院小児科で一般的な普通の子どもたちを診ていました。6万人の親子を診たそうです。こういう一般病院での経験があったからこそ，ほぼよい母でいい，という言い方ができたのだと思います。

回避的なタイプになり，深い人間関係を営んでいくことが困難になり不適応の原因になります。

　信頼も心理的分離もなしとげている自立型が最もいいのですが，それは完璧に信頼でき，完璧に分離できている母子関係というより，ほどよい母の育児から生まれるものです。こうした関係を生む母親をウィニコットは，「ほどよい母（good enough mother）」と表現しています。不自然に力んだ母子関係でなく周りと自然に助け合いながら子育てするのがもっとも理想的でしょう。

　もう1つの課題は，この社会のルールを親という権威を通じて伝えることです。それ自体が病理である権力ではなく，権威であることが大切です。権威とは親の安定した経験によって，にじみでるものであり，権力と強制によるものではないのです。これはもちろん課題にあわせ両親が協力して行うのがよいと思います。父親の育てる機能として5つの機能があります。①よきモデル，②母親を経済的・心理的に支える（父親の失業などはマイナスとして，母親の不安定を生み出し，家庭の混乱・基盤のなさの原因になる），③心理的なスペアーとして1人の親へかかる心理的な負担を軽減，④母からの分離促進（母親との過度な密着から分離させていく役割），⑤客観的にみる（例えば母親は父と子どもの関係を見て自分の子どもとの関係を振り返るヒントになります）。ひとり親の場合，父親あるいは母親のイメージがよいものであるか，決着がついていることが大切です。

Ⅲ部　家庭支援が特別に必要になる場合

第3節　世代間伝達

1）世代間伝達とは？

　世代間伝達とは，親が自分自身の親からの育児体験に強く影響されて自分の育児を行ってしまうことです。それが無意識のもので，現在の子育てにマイナスの影響を与えている場合，自分自身のマイナスであった親子関係を語り意識化することで，連鎖的な呪縛は解かれます。渡辺（2008）はこの3世代に及ぶ負の連鎖を図11-4のように例示しています。世代間伝達は，虐待の連鎖や摂食障害の発生因子として大きな問題を含むものです（図11-4）。

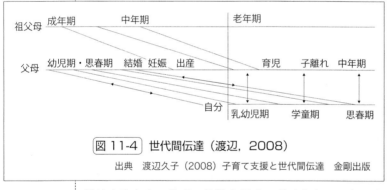

図11-4　世代間伝達（渡辺，2008）
出典　渡辺久子（2008）子育て支援と世代間伝達　金剛出版

　世代間伝達の例を心因性嘔吐のケースからみます。母親は自分自身の子育て体験を認め，受け入れることによって，自分の娘の現在を受け入れることが，できるようになるという例です。

2）ケースB

　B子は激しい嘔吐をくり返す小学3年生の女子です。プレイルームで遊んで気づいたのは，B子が，なんでも手伝ってもらいたがるということでした。受身的なB子と遊んでいると，つい，こちらも手伝ってあげたくなります。B子は，自分ひとりでやるだけの自信とエネルギーを持っていません。B子の母親にはそれがしゃくの種でした。宿

> ········· COLUMN ·········
> **プレイセラピー**
>
> 遊びには，自由に遊ぶことによって情緒が十分に解放され，そこに治療的な意味があるという考え方や，エリクソン（1902〜1994）の「子どもはいつも大人の都合で動かされているが，遊びの中では，自分がその世界の支配者になって能動的に活動できるので，遊びそれ自体に治療的な働きが生じる」という考え方などがあります。
>
> こうした遊びの持つ治療的な働きを本格的な治療構造の中で心理療法として使うのがプレイセラピーです。本格的な治療構造というのは，時間や場所，料金などを子どもの保護者との間で取り決めて，目的や目標を持って治療を行うという意味です。日本の場合，治療は週1回50分，料金は大学の相談室などでは3千円から5千円くらいのところが多いようです。子どもはまだ親の影響下にありますので，子どもの治療と平行して親のカウンセリングも行うことで，効果が上がります。

題がすまなかったり，翌日嫌なテストがあると嘔吐がおこることに，母親は気づいていました。「嫌なことを克服できる人間に成長してほしい」母親は吐きだすような激しい口調で言いました。とても，エネルギッシュな母親なのです。

この母の実父は，人がいいだけで仕事もせずブラブラしていたとのこと。そのため，中学の頃からお母さんと2人，水商売をしながら必死で働き，寒い冬の朝も買い出しに出かけました。この克己心の強い母親からみれば，B子のふがいなさに腹が立つのは当然のことでした。

母親はこの辛く悲しい娘時代を初めて，他人（臨床心理士）である私に打ち明けたのです。不思議なことにこの告白の後，母親は自分の不安を語り始めます。それは現在の夫が，前妻と正式に離婚していないため，同居はしているものの，籍をいれてもらっていないということでした。母親は最近，自分の母親を亡くしていたため，いっそう頼りない気分をつのらせていました。自分の中にある不安や，頼りなさ，そして怒りを認めて表現するにつれ，母親は，自分と同じ気持ちを今感じているB子を，次第に受け入れていきます。母親はやがて，B子が嘔吐すると，夜中でも背中をさすってあげるまでに変わっていきました。実母から母への過酷な体験は無自覚のうちにB子を拒否するというかたちで，娘に影響を及ぼしていたのです。

第4節　依存と病理

1）健康な依存

　イギリスの精神分析家ウィニコットは，幼児の健康にとって，母親に依存する能力を身につけていること，とりわけ絶対的依存性の重要性について触れています。絶対的依存性とは，赤ちゃんが母親に依存している状態であり，赤ちゃんは母親に依存しているのに，自分の運命は母親次第であることに気づいていません。この状態が空気のように幼児にとって自然で重要なものなのです。ウィニコットは，精神的な病気になっている人にとって，育児をするように，この依存を体験させてあげることが病気を治癒すると述べています。

　こうした初期の依存を経て乳児はやがて他者に依存していることを自分でもわかる，相対的依存の状態に発達していきます。自分が依存している事実を認識できるこの段階に達してはじめて，幼児は自立に向かい，1人でいることができるようになるのです（1人でいる能力の獲得）（図11-5）。

絶対的依存
↓
相対的依存
↓
自立（1人でいる能力）

図11-5　自立の三段階

2) ケースC

　摂食障害で入院した小学5年生のC子は、母親と仲の悪い姑の間で育てられ、赤ん坊の頃から両方に気を使って育ってきた子でした（C子の描いた絵には風に向かって自在に向きを変える風見鶏が描いてありました。敏感に相手にあわせて向きを変えているのです）。

　通常は祖母（姑）に育てられ、日曜のみ母が育てました。C子はこうした状況の中で、心から他人に依存するという絶対的依存を体験しないままに育っていました。入院し母を独占することで、C子はやがて母への愛着を発達させ依存を体験していきました。

　しかしC子の母親への依存は、この依存を利用してC子と共生的な関係を作ることで、仲の悪い姑に対抗する状態を、母親の中に生み出していきます。いったん依存を体験し、自分が依存していることを知ったC子はやがて、母の依存にも気づき、自分を姑（祖母）との争いに利用している母の依存性にも気づいていきます。そして、自分を利用するばかりで、姑と自分自身の力で対決しない母親への反抗を募らせていきます。この反抗のプロセスは、母親からの分離と自立（個体化）を促進するものでした。

　やがてC子は自分の好きな美術部に入り、友人たちとの交流を深める中で、母親から自立していきました。治療を終えるにあたって、「1人で大丈夫ですか」とC子に問う私に向かって、母親が言った言葉が印象的でした。それは、「うん、ママも大丈夫、1人でがんばる」という答えでした。C子の自立は、母親の子どもへの依存からの卒業でもあったのです。

Ⅲ部　家庭支援が特別に必要になる場合

第5節　子どもと暴力

1）子どもの攻撃性

子どもの攻撃性の起源は活動性にあります。生き物は食料を得るために積極的に環境に働きかけ，また，わが身を守るために攻撃します。自己意識を持ちはじめた幼児にとって，積極的活動とは自己主張であり，また愛する対象への反抗なのです。ウィニコットは子どもの攻撃性に対する親の役割は「仕返しせず，生き残ることだ」という不思議な言い方をします。生き残るというのは我慢することでも暴力的に仕返しすることでもなく，大きな大人の力で，子どもの前に安定して存在し続けることです。そうした親の姿を見て幼児は，活動性を奪われることなく，また力を暴発させることなく，成長します。

子どもは，我慢をするのではなく自分の主張を十分に表現し，それを大きな力で受け入れてもらって（これは親が「生き残る」ということです）はじめて，自己主張もしながら，社会性を身につけていくのです。

子どもの反抗や暴力を親が受けとめること（報復しないで生き残ること）ができず，暴力に対して暴力で押えたり，もともと親が暴力的で，家庭が暴力に満ちていると，子どもの活動性は自然なプロセスをへることなく次第にエスカレートし，破滅的な事態が出現してしまうのです。

2）ケースD

➡3　生まれつき脊髄の先端に形成不全がある病気で，治療が必要なものと自然に治るものとがある。治療が必要なものには，下肢の麻痺や変形，排泄障害などの症状が現れる。

D子は，二分脊椎症➡3をもった双子の弟が生まれたために，母親は弟2人の病院通いと育児に忙殺され，D子に姉としての我慢を強いてきました。小学校に上がり，軽度の発達障害のあったD子は，周囲とつきあうことが下手で，やがて不適応状態になっていきました

が，学校では我慢していました。その不満は家の弟たちに向かい，自分は弟たちのために，小さい頃から我慢を強いられてきたと，弟たちにあたるようになります。母親はこうした事情を理解できず，D子だけを叱り，小さな子に暴力を振るうD子に手を焼き始めていました。最後は弟たちに暴力を振るい，止める母親にも父親にも，「弟なんて死んでしまえばいいんだ」と公言するようになります。

D子に発達障害があったために母親は，本当にD子には感情がなく，弟を殺したいのではないかと疑い始めていました。それくらい激しく，殴る蹴るの暴力はエスカレートしていたのです。

相談を受けた私も，はじめ暴力を止める方法のみを考えていました。しかし，発達障害傾向があるとはいえ，この子が幼少時自己主張を押さえられ，姉という立場で我慢を強いられてきたのも，まぎれもない事実です。私は，弟たちを父に預け，D子だけとD子の望む場所に出かけ，かつてD子との間で経験できなかった，親子で楽しむという経験をしてはどうかと提案してみました。

こうした「お出かけ」をD子もそして母親も，ともに楽しむことができたといいます。こうした体験を3か月ほど続けた頃，D子の弟たちへの暴力は嘘のようになりを潜めていきました。

Ⅲ部　家庭支援が特別に必要になる場合

第6節　からだことばと心身症

1）からだことば

　人間の心と身体は密接に結びついていますが，心身が未分化な子どもでは特にそうです。まだ言語能力の十分に発達していない幼児は，

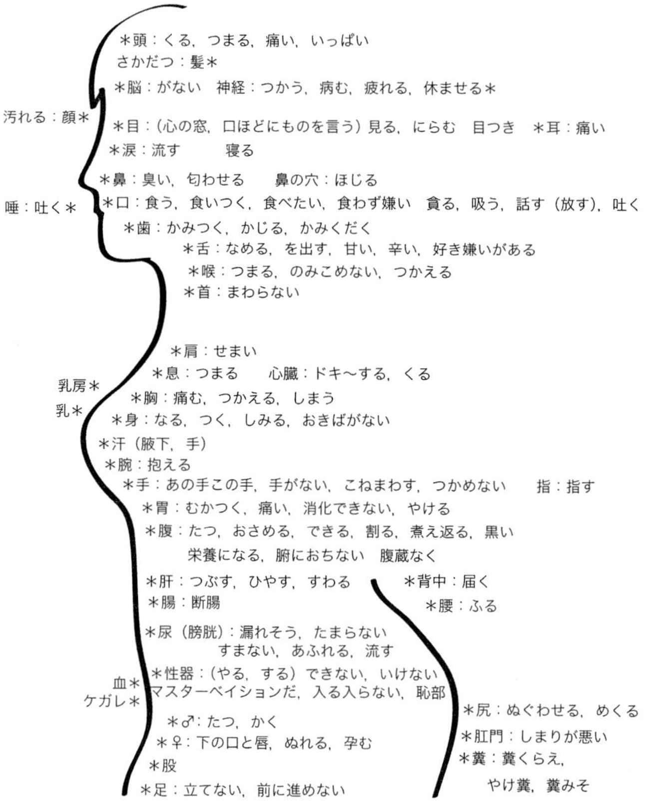

図11-6　身体に関する言葉（北山，1987）

汚れる：顔＊
唾：吐く＊
乳房＊
乳＊
血＊
ケガレ＊

＊頭：くる，つまる，痛い，いっぱい
さかだつ：髪＊
＊脳：がない　神経：つかう，病む，疲れる，休ませる＊
＊目：(心の窓，口ほどにものを言う) 見る，にらむ　目つき　＊耳：痛い
＊涙：流す　　寝る
＊鼻：臭い，匂わせる　　鼻の穴：ほじる
＊口：食う，食いつく，食べたい，食わず嫌い，貪る，吸う，話す（放す），吐く
＊歯：かみつく，かじる，かみくだく
＊舌：なめる，を出す，甘い，辛い，好き嫌いがある
＊喉：つまる，のみこめない，つかえる
＊首：まわらない
＊肩：せまい
＊息：つまる　　心臓：ドキ〜する，くる
＊胸：痛む，つかえる，しまう
＊身：なる，つく，しみる，おきばがない
＊汗（腋下，手）
＊腕：抱える
＊手：あの手この手，手がない，こねまわす，つかめない　　指：指す
＊胃：むかつく，痛い，消化できない，やける
＊腹：たつ，おさめる，できる，割る，煮え返る，黒い
　　栄養になる，腑におちない　腹蔵なく
＊肝：つぶす，ひやす，すわる　　＊背中：届く
＊腸：断腸　　　　　　　　　　　　＊腰：ふる
＊尿（膀胱）：漏れそう，たまらない
　　　　　　　すまない，あふれる，流す
＊性器：(やる，する) できない，いけない
　　マスターベイションだ，入る入らない，恥部
＊♂：たつ，かく　　　　　　　　　＊尻：ぬぐわせる，めくる
＊♀：下の口と唇，ぬれる，孕む　　＊肛門：しまりが悪い
＊股　　　　　　　　　　　　　　　＊糞：糞くらえ，
＊足：立てない，前に進めない　　　　　　やけ糞，糞みそ

出典　北山修（1987）比喩化と「織込み」について　精神分析研究 31 (1)

心の状態を身体の反応で表すことが多いのです。大人は子どもがまだ言語化できない心の悩みを心身症状の訴えから読み取らなければならないことが多くあります。子どもは心の状態が悪いとき、それを、「ぽんぽん（お腹）が痛い」とか「頭が痛い」という身体症状（からだことば）で表すことがあります。心の状態が悪いと、実際に身体の異常として感じるのです。ウルトラマンは身体のエネルギーが切れると胸のカラータイマーが光りだしますが、あれと同じです。心のシグナルと言ってもいいと思います。こうしたシグナルを見逃さないことが大切です。私たちは、悩みが多いことを「頭が痛い」とか、また、辛いことを「断腸の思い」とか、苦笑せざるを得ないことを「片腹痛い」とか言い表します。図11-6のように身体に関する言葉には様々なものがありますが、もともとこれは、こうした言葉を最初に思いついた人が、自分の身体感覚で感覚的に語った無意識の表現が、その後、心の状態を語る言葉として意識化されていったものでしょう。

また図11-7のように、身体症状には、それが出やすい年齢（好発年齢）があります。この好発年齢では、心の状態もそうした身体症状を通じて表されることが多いのです。

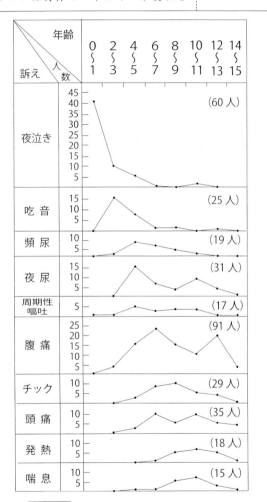

図11-7 身体症状と年齢（今泉，1981）
出典　今泉岳雄（1981）幼児の心と体 現代幼児教育 12（4）

Ⅲ部　家庭支援が特別に必要になる場合

第7節　子どもとうつ

1）子どものうつ

　子どもの「うつ」の症状には次のようなものがあります。①「好きなことも楽しめない」など興味や関心の減退，②「何をするにもおっくう」など意欲や気力の減退，③「何も頭に入らない」など知的活動能力の減退，④生き生きした表情の欠如など感情の障害，⑤食欲の低下，⑥睡眠障害，⑦身体のだるさなどです。10代のうつ病が注目され始めていますが，10歳以下のうつ病はまれであり，もし10歳以下の子どもにうつ病の症状があれば虐待などの重大な環境異変を疑うべきです。

　「うつ」が問題になるのは，直接的には産後のあるいは初期の育児をしている母親に「うつ」の症状があると，母親の育児に重大な影響を与え，ひいては乳児の発達を大きく阻害することです。こうした養育者の「うつ」に注意を払うことは，子どもの精神的な健康にとって欠かせない重要事項です。

　上に述べた①から⑦の子どものうつ症状に対応させて，大人のうつにはどのような症状があるか挙げます。

　子どもはまだ内面が発達していませんが，大人の場合，内省力と言

--------COLUMN--------
デプレッション

　うつ状態はどんな人間でも現れる，とても人間的な反応であるという見方があります。（ひどく悲しい状況でも，ただただ明るく振る舞う人は，かえって変です。）
　うつは英語でデプレッションといいますが，経済学で，デプレッションというのは不景気のことです。例えば，「不景気な顔をしているね」という言い方がありますが，好景気と不景気の繰り返しが自然な景気の循環であるように，うつも人間の自然な感情の循環なのです。

語能力が発達していますので，今の状態を述べてもらうことで，より観察しやすく，また，判断も容易になります。

親がうつになることで，きちんと養育されていない子どもに，周りの支援者が，どこに注意し，どう援助していけばいいかの参考のために活用してください。

以下が大人のうつの特徴です。

(1) ものごとを以前のようには楽しめないという，感情の変化が見られます。
(2) 周囲のものごとや人への関心が失われます。
(3) さらに，決断力が以前より落ちることが挙げられます。
(4) 気分的にみると絶望しています。また自殺するとは限りませんが，自殺したいという気持ちがたびたび起こります（したがって，自殺を口にする人は自殺しないという安易な決めつけは避けること，また，一番重いときより，少し元気が出て，自殺の実行力が出たときの方が気をつけなければなりません）。
(5) 落ち着きなく，いらつきやすく，また，過去の失敗体験ばかりを過度に気にし，絶望的になっています。
(6) 自己評価が極端に落ち，自分は何の価値もないと思っていることが，しばしば見られます。
(7) 食欲や，男性であれば性的欲望がかなり落ちる傾向があります。
(8) 睡眠時間が落ち，疲れやすくなっています。

こうした特徴がどれほど見られるかで，うつ状態の程度がわかります。

典型的なうつの場合，十分な休養を勧めることや，マイスリー➡4 などの睡眠導入剤の活用も大切です。また，心的なエネルギーが落ちていますので，ジェイゾロフト➡5 などのSSRIなどの投与が必要な場合があります。ジェイゾロフトなどの薬剤は，長期間かけて，壊れた神経機構を再構築するものですので，3か月ほど経たなければ効果は出ないことが多く，また症状が改善されたからといってすぐに中止してはならないものです。

⬅4　日本で使われる代表的な睡眠導入剤です。

⬅5　代表的な抗うつ剤であるSSRIの商品名です。SSRIとは，「選択的セロトニン再取り込み阻害剤」の略称です。神経系に作用し，うつや不安を軽減します。

Ⅲ部　家庭支援が特別に必要になる場合

第8節　臨床心理士が保育士から知りたい情報

　臨床心理士が保育士から知りたい情報を，1）子どもについての情報と2）親についての情報に分けて述べます。

1）子どもについての情報

　保育所で把握できる両親の離婚や子どものこれまでの病歴など，すでにわかっている情報があれば聞いておく必要があります。子どもの生育歴についてはぜひ聞きたいのですが，それは母親や父親などから聞くことができますので，むしろ保育場面での具体的な行動を聞いてみたいところです。その子の性格についてはぜひ知りたいと思います。保育場面で，その子の対人関係は孤立的か（これは対大人，対子どもの2面があります），あるいは，べたべた依存的か，保育者に対して，回避的か，依存したい気持ちと1人でやりたい気持ちの葛藤があるか，あるいは人とすぐトラブルを起こして混乱しがちか，などです。

　また，保育者や子どもに対してきちんと，できれば言葉を使って自己主張ができるか，反抗ができるか，怒りを出せるかどうか，怒りを保育者の言い聞かせで収めることや，ある程度自分でコントロールできるか，なども重要な情報です。

　最後に最も重要なのはその子どものレジリエンス←6です。これは，その子どもが，現在の（問題が生じているわけですから当然）過酷である状況に対する回復力（もともと持っている可塑性，柔軟性）がどの程度あるかという重要な尺度です。以下にその例をいくつかあげておきます。

　①自分のことを心から愛してくれる人がいる，②自分のことを話せる人が家族以外にもいる，③自分の力でやり遂げたい，④いやな思いやつらい思いをしてもすぐ忘れる，⑤困ったことがあると解決方法を

➡6　ストレスの多い劣悪な環境にあっても子どもが持っている回復力のこと。人間をストレスに立ち向かうポジティブな存在であると考える立場である。

考えようとする，⑥楽観的で失敗を心配することがない。

このレジリエンスの力によってその子の将来の適応力が左右されるものであることがわかっていただけると思います。

2）親についての情報

次に環境的な問題です。親の経済状況，家庭の総合的な育児状況（育児力），あるいは家族の病気や祖父母の介護の状況などです。また，祖父母や親戚が対応可能な範囲でいるか，いざという時に家族に代わって子どもを保護してくれるキーパーソン的な人物がいるかどうかなどです。住んでいる地域に社会的サポート資源があるか，あるいはその質はどうかということなどです。

もちろん生育歴を知ることができるなら，これまでの母子関係・父子関係の質，きょうだいの（障害や病気があるかどうかも含めての）状況，夫婦関係の質などです。父親の職業や，その家族がもともとその地域に住んでいる人々かどうかなども重要な情報です。

こうしたことを知ることは，保育者自身にとってもその子を理解する重要な情報になります。

・・・・・・・・・・・・・・・・・・・・・・・・・・・・ Column ・・・・・・
「発達障害」と「病理」

発達障害は自然な発達が，生まれつきあるいは，発達の途中で「つまずいて」しまったものです。その結果たとえば「知能は普通なのに，相手の感情の理解がひどく悪い」といったように，発達が定型的でなく，発達のレベルに凸凹が生じています。早い時期から支援していった方が，その子の成長と社会化に役立つと考えられる障害です。自閉症スペクトラム障害児やADHD児というのは，この凸凹が激しく，定型発達から著しく外れていると診断された子どもたちです。

病理というのは，その人の心理的な状態が平均的な状態からずれてゆがんでしまっていると診断された状態です。少しの支援で改善していくものと，専門的な治療が必要なものとあります。「家族の病理」というのは問題行動のある子どものみでなく，家族全体にゆがみが生じてしまったものです。この場合，家族全体を支援しないと，子どもの病理（ゆがみ）は改善しません。

■演習課題

1. 自分の育った家庭の特徴を抜きだして，その長所と短所を考えてみましょう。

2. 子どもの問題に大きく親が関わっていることに気づいたとき，親にどのようにアドバイスしたらよいか計画を立ててみましょう。

【文献】
井原成男（1998）心のケア 子ども相談の実際―心の基礎づくりから育て直しへ　日本小児医事出版社
井原成男（2006）食と身体の臨床心理学―摂食障害の発達心理学　山王出版
井原成男（2009）ウィニコットと移行対象の発達心理学　福村出版
井原成男（2008）子育てカウンセリング 「育てなおし」の発達心理学　福村出版
今泉岳雄（1981）「幼児の心と体」現代幼児教育 VOL.12 No.4　pp.8-12
小花和 wright 尚子（2004）幼児期のレジリエンス　ナカニシヤ出版
柏木惠子（2013）おとなが育つ条件―発達心理学から考える　岩波書店
亀口憲治（1992）家族システムの心理学―〈境界膜〉の視点から家族を理解する　北大路書房
北山修（1987）「比喩化と『織り込み』について」精神分析研究 Vol.31 No.1 pp.13-19
傳田健三（2002）子どものうつ病―見逃されてきた重大な疾患　金剛出版
Beck, A. Steer, R. Brown, G.　小嶋雅代・古川壽亮訳著（2003）日本版 BDI-II　日本文化科学社
水本深喜・山根律子（2011）「青年期から成人期への移行期における母娘関係」教育心理学研究 59（4）pp.462-473
渡辺久子（2008）子育て支援と世代間伝達―母子相互作用と心のケア　金剛出版

12章　虐待と家庭支援

第1節　子ども虐待の問題の所在

1）親の役割とは何か

　人間の子どもは産まれてすぐに歩くことはできません。それどころか寝返りも，這うことも，立つことすらもできず，歩くことに至っては，およそ1年の歳月を要します。それゆえに，ポルトマン[1]は「生理的早産」と指摘しました。このように子ども（乳児）は，身体的には未成熟であり，誰からも保護，養育されなければ生物としても生きていくことはできないのです。また，人間が人間たる所以は，身体的なものだけではなく，精神的とか情緒的といった「こころ」の存在が，他の動物と異なるところであり，これもまた，生まれたばかりの子どもは未発達です。

　子どもを，一人前の人間（社会人）として成長，発達（身体的，精神的，経済的，社会的に自立・自律）させるためには，大人との愛情に基づく情緒的交流関係をとおして，子ども自身が安全であるという安全性の感覚と，人と人との間への関係への信頼性の感覚と，そして，安全性と信頼性が継続しているという継続性の感覚が重要であるといわれています。このような養育によって，子どもには自尊感情（自分は愛される存在であり，生きるに値する存在である，子ども自身が自分を大切な存在と思えること）という感情が芽生えてきます。この大人の役割を担っているのは，今日，そのほとんどは生物学的な「親」が担っています。

2）親権とは

　国（社会）は，このような役割を担っている親に対して，民法上「親権」（わが子の人権や福祉を守るために親に与えた権利義務）を付与することにより，法的に子どもの成長・発達を保障しています（国

→1　アドルフ・ポルトマン（A. Portmann）著，高木正孝訳『人間はどこまで動物か』岩波書店，1961年

12章　虐待と家庭支援

は，親に社会的存在である子どもの養育を信託したのです）。

　このような親と子の関係にあって，虐待の問題は，明らかに立場の違う保護されなければ生きていくことができない子どもに対して，家庭内という密室の中で，繰り返し行われる虐待およびマルトリートメント（不適切な養育）行為であり，まさに親権の濫用です。ゆえに，子どもの虐待は子どもにとって最大の人権侵害行為といえます。

　乳児期の子育ては，日々単調な行為の繰り返しであり，さらに数時間おきの授乳など，心も身体も疲れ果ててしまいます。しかし，「育児」の行為に対して社会的に評価されることも，その行為の持つ意義について語られることもあまりありません。

　以下に紹介するこの詩は，ニュージーランド人の母親が書き，フェイスブックで話題になったものです。この内容は，育児している母親に「そのままでいいんだよ」「あなたの行為はとても大切なことだよ」というメッセージです。

COLUMN

『今日』（伊藤比呂美訳）

今日，わたしはお皿を洗わなかった
ベッドはぐちゃぐちゃ
浸けといたおむつは
だんだんくさくなってきた
きのうこぼした食べかすが
床の上からわたしを見ている
窓ガラスはよごれすぎてアートみたい
雨が降るまでこのままだとおもう

人に見られたら
なんていわれるか
ひどいねえとか，だらしないとか
今日一日，何をしてたの？とか

わたしは，この子が眠るまで，おっぱいをやっていた
わたしは，この子が泣きやむまで，ずっとだっこしていた

わたしは，この子とかくれんぼした，
わたしは，この子のためにおもちゃを鳴らした，それはきゅうっと鳴った
わたしは，ぶらんこをゆすり，歌をうたった
わたしは，この子に，していいこととわるいことを，教えた

ほんとにいったい一日何をしていたのかな
たいしたことはしなかったね，たぶん，それはほんと
でもこう考えれば，いいんじゃない？

今日一日，わたしは
澄んだ目をした，髪のふわふわな，この子のために
すごく大切なことをしていたんだって。

そしてもし，そっちのほうがほんとなら，
わたしはちゃーんとやったわけだ。

出典　お母さん大学　2011年2月5日　『今日』という詩～がんばり屋のお母さんたちへ
http://www.okaasan.net/?itemid=9431

第2節　児童虐待の防止に関する法律

1）子ども虐待の定義

　児童虐待の防止等に関する法律（「児童虐待防止法→2」）は，2000（平成12）年に制定されました。

　また，児童虐待防止法の第2条（児童虐待の定義）では，この法律において「児童虐待」とは，保護者（親権を行う者，未成年後見人，その他の者で児童を現に監護するもの）が，その監護する児童（18歳に満たない者）について行う次に掲げる行為をいうとしています。

第1号（身体的虐待）

「児童の身体に外傷が生じ，又は生じるおそれのある暴行を加えること」

　たとえば，殴る，蹴る，熱湯をかける，溺れさせる，タバコの火を押し付ける，乳児の頭部を激しく揺する，冬に戸外に閉め出すなどの行為。

第2号（性的虐待）

「児童にわいせつな行為をすること又は児童をしてわいせつな行為をさせること」

　たとえば，子どもに性的な行為を行う，性器や性交の様子を見せる，強要して子どもの裸の写真やビデオを撮るなど。

第3号（保護の怠慢ないし拒否，ネグレクト）

「児童の心身の正常な発達を妨げるような著しい減食又は長時間の放置，保護者以外の同居人による前2号又は次号に掲げる行為と同様の行為の放置その他の保護者としての監護を著しく怠ること」

　たとえば，十分な食事を与えない，衣服や下着を長期間替えない，入浴をさせない，病気やけがをしても受診させない，乳幼児を車内に放置する，家に乳幼児だけ残し度々外出する，スキンシップや抱っこ

←2　子ども虐待を広く国民に知らしめるため，2000年に「児童虐待の防止等に関する法律」（通称「児童虐待防止法」）が制定された。第1条の目的に，子どもの虐待が子どもの人権を著しく侵害すること，さらに心身の成長および人格の形成に重大な影響を与えるとともに，わが国における将来の世代の育成にも懸念を及ぼすことが明記されたことは画期的なことであった。また，児童虐待の定義については，これまでは研究者や調査を行う団体が海外での先行研究を参考にして独自に規定していたが，この法律によって初めて法律に明文化された。

をしないなどの行為。

第4号（心理的虐待）

「児童に対する著しい暴言又は著しく拒絶的な対応，児童が同居する家庭における配偶者に対する暴力（配偶者（婚姻の届出をしていないが，事実上婚姻関係と同様の事情にある者を含む。）の身体に対する不法な攻撃であって生命又は身体に危害を及ぼすもの及びこれに準ずる心身に有害な影響を及ぼす言動をいう。）その他の児童に著しい心理的外傷を与える言動を行うこと」

たとえば，子どもへの関わりの拒否や無視をする，きょうだい間での極端な差別的な扱い，夫婦間の暴力にさらすなどの行為。

2）定義の視点

これらの定義では，「外傷が生じるおそれのある暴行」「著しい減食」「長時間の放置」「著しい心理的外傷」などの表現であり，具体的な時間，回数などについては規定されていません。そのため，虐待かどうかの判断は，子どもの立場や視点から判断し，また子ども自身が自分の言葉でその行為がなぜ行われたのか説明できるかどうか，納得しているかどうかも判断材料となります。また，小林美智子（2007）によれば，虐待の定義はあくまで子ども側の定義であり，親の意図（その子が嫌いだから，憎いから，手加減をしているから，愛情を持っていたからなど）とは無関係です。親はいくら一生懸命であっても，その子をかわいいと思っていても，子ども側にとって有害な行為であれば，その行為は虐待であると判断することが大切であるとしています。

第3節　虐待の子どもへの影響とその理解

1）子どもへの影響

①身体への影響

　頭部外傷・頭蓋内出血，骨折，火傷，溺水，妊娠，性感染症や，愛情遮断や栄養不足による発育不全など。

②知的発達への影響

　身体的虐待の後遺症や，情緒的な関わり，知的刺激，社会的刺激の欠如による。

③人格形成への影響

　暴力を受ける体験からトラウマ（心的外傷）を持ち，そこから派生する様々な精神症状（うつ状態，無感動・無反応，不安，情緒不安定，フラッシュバック➡3によるパニック障害など），自尊心の欠如（低い自己評価，自己否定感・自己無用感）など。

④対人関係への影響

　安定した愛着関係を経験できないことによる緊張，乱暴，ひきこもりなど。

⑤行動への影響

　不安や孤独，怒りの感情，集中力の欠如，落ち着きのなさ，衝動的な行動，乱暴・多動，徘徊・家出，自殺企図，非行，性的な問題など。

　今日，虐待経験と非行，発達障害，情緒障害との間に関連があることもわかってきました。ある児童自立支援施設の職員は，これまでに措置されてきた子どもとの関わりをとおして，「加害（非行）少年は過去においてみんな被害少年だった」と述べています。

　いずれにしても，虐待による最大の問題は，単なる大人からの暴力ではなく，自分自身を最も愛してくれるはずの親からの暴力によっ

←3　過去の体験を連想させるような，過去の体験を感覚させるような，何かのきっかけに接したとき，あるいは，何かそうした刺激を受けたときに，「あのとき」と同じ感情や情動が不意に甦ってきて，人によって，様々な反応を引き起こす状態をいう。「あのとき」の情景や記憶も，一緒になって甦ってくることもあれば，感情や情動（あるいは気分のようなもの）だけが襲ってくる場合も多い。
http://www.apuyer.jp/counseling/ 2014.4.7

て，子ども自身が見捨てられ感（自分はいらない存在）を抱き，自尊感情を低くし，自己無用感・自己否定感を持つことです。その結果として，反社会的行動（非行など）や非社会的行動（自傷行為など）となって表れているのです。

2）虐待への理解

なぜ虐待を受けた子どもたちは暴力（暴れる行為）で訴えてくるのでしょうか。

玉井邦夫（2009，NHK特集）によれば，たとえば，「叩かれる」という親からの行為に対して，①「感覚」としては痛い，②「感情」としては悲しい，あるいは腹が立つ，③「思考」としてはなぜ叩かれるのか，この3つの事柄が結びついて（つながって）はじめていろいろな物事に上手く対応できるようになります。しかし，虐待という関係は，子どもが「なぜ」と考えても，まったくお構いなしにやられ続けられます。そうすると，いちいち感情に受け止めていると辛くてしょうがない，ましてや，痛みに敏感なままでいるとやっていられなくなり，自分が耐えられなくなるのです。そして，3つの関係を断絶してしまいます。すると，3本の柱（感覚，感情，思考）がバラバラになり，自分でも親の行為説明ができない，モヤモヤ状態となり，とりあえず吐き出すしかなくなります。その結果，原始的感情である怒りが爆発し，暴力という形で表現されるのです（図12-1）。

そこで，このように否定的感情によって，他者（援助者）に対してぶちまけてくる行動に対して，援助者は根気強く関わり続け，「あなたはこうされて怒っているんだね」「こうされて嫌だったんだね」「あなたは私にとって大切な人だよ」「どんなことがあってもあなたを見捨てないよ」「あなたが悪いのではないよ」などと伝え，関わり続けていくことが求められます。このように，子どもに対して，「とことん付き合うよ」「逃げないよ」「いつも見ているよ」というメッセージを届けていくことが援助者の態度として必要となるのです。このことを玉井は次のように説明しています。

虐待を赤いインクにたとえ，コップの水にインクを垂らすとコップ

の水は赤く染まります。そこに，きれいな水をジャブジャブと注ぎ込むことによって（寄り添う大人（援助者）の関わりによって），赤い水はだんだんと透明になっていきます。虐待は子どもの記憶からまったく無かったように，またきれいに消すことはできませんが，水が注ぎ込まれることによって，薄れていくことができ，その結果，子ども自身の中に，感情や感覚が言葉とつながってきます。すると，暴れるよりも「悔しい」といえる，殴るのではなく「あっちに行ってくれ」といえるようになり，自分自身を取り戻していくことができるようになるといいます。

　虐待による心の傷（トラウマ）は，他者との人間関係をはじめ，子ども自身を一生涯にわたって（大人になっても）苦しめ続けるものとなります。このようなことからも，子どもの虐待問題は，虐待発生の予防，および国（公的機関）や周囲の大人の早期発見と介入によって，重度化する前に，問題解決に向けた取り組み（親と子どもに対する支援）が必要とされています。

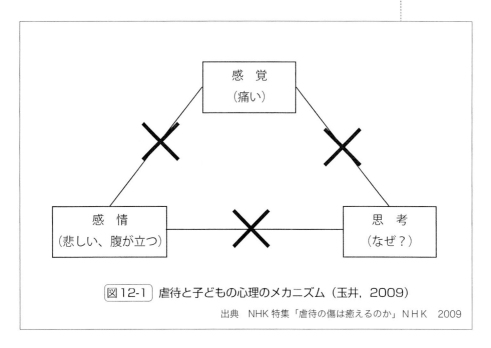

図12-1　虐待と子どもの心理のメカニズム（玉井，2009）

出典　NHK特集「虐待の傷は癒えるのか」NHK　2009

第4節 子ども虐待の現状

1) 相談件数と虐待内容

　図12-2は児童相談所における虐待に関する相談処理件数の推移です。この表をみてもわかるように，調査が開始された1990（平成2）年度から2012（平成24）年度の22年間で，相談処理件数は1101件から6万6701件となり，60.58倍にもなっています。内容別相談（平成24年度）では，身体的虐待が2万3579件（35.4％），心理的虐待が2万2423件（33.6％），ネグレクトが1万9250件（28.9％），性的虐待が1449件（2.2％）となっています。近年では，相談処理件数も12万件を超え，その中で心理的虐待が50％強となり，最も多くなってきていま

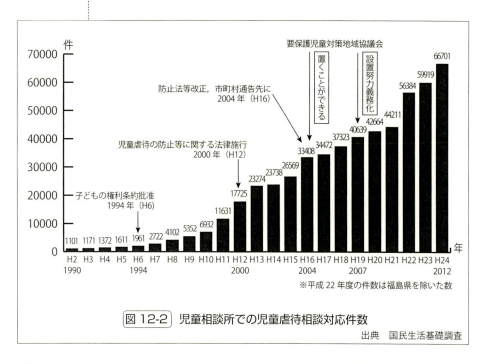

図12-2　児童相談所での児童虐待相談対応件数

出典　国民生活基礎調査

す。この心理的虐待の背景には、子どもが同居する家庭における配偶者に対する暴力、いわゆるＤＶ家庭にある子どもは心理的虐待であるということが広く知られてきたことが1つの要因であるといわれています。しかし、現実には1つの虐待にとどまらず、重複していることが多く、また、どの虐待も子どもの立場からはすべて心理的虐待をともなっているといえます。

2）主たる虐待者と被虐待児の年齢および相談処理内容

主たる虐待者では、実母が3万8224件（57.3％）、実父が1万9331件（29.0％）、実父以外の父が4140件（6.2％）、実母以外の母が548件（0.8％）、その他が4478件（6.7％）です。しかし、実母がおよそ6割で最も多くなっていますが、日本の子育て文化（母親ひとりに過重な負担を強いている）や、夫婦関係の軋轢が子どもに向かっているなど、その結果として母親が主たる虐待者となっていると考えられます。

被虐待児の年齢構成ですが、最も多い年齢は「小学生」の（35.2％）です。次いで「3歳～学齢前児童」（24.7％）、「0～3歳未満」（18.8％）、「中学生」（14.1％）、「高校生・その他」（7.2％）となっています。また、「就学前児童」でまとめると43.5％になり、被虐待児の4割強は乳幼児であることがわかります。また、虐待死は58人（平成23年度）で、死亡した子どもは「乳児」が4割強で最も多くなっています。

児童相談所[4]でのその後の処理種類別内訳では、最も多いのが「面接指導」で80％以上、親子分離をともなう「施設入所および里親委託」は10％程度であり、虐待通告（p.208参照）後もほとんどの子どもは通告前と変わらず、在宅での生活が継続しています。このことからも、虐待は通告して終わりではなく、通告は援助のスタートであると言われるゆえんでもあります。

←4 虐待行為について、親自身は子どもへのしつけを主張し、さらに親権者（民法上の懲戒権）であることをふりかざす。一方、子ども自身も親をかばい虐待されていることを否定する。もしくは、虐待されている認識がないため、親子分離は難しい。

Ⅲ部　家庭支援が特別に必要になる場合

第5節　虐待の発生と防止

1）発生要因とその視点

　保育者としての共通理解は，「子どもを虐待するために子どもを産む親はひとりとしていない」ということです。それは，子ども期に被虐待児であった親も然りです。

　子ども虐待にはいろいろなタイプがあり，その要因も様々です。また，単一な要因で虐待が起こるというよりは，いくつかの要因が絡み合っていることが多いのです。ここでは図12-3に示した虐待の発生要因を参考にして，考えていきたいと思います。

　発生要因として，①親自身の要因（心理的に親になりきれていない，社会人（大人）になりきれていない，親自身が被虐待児であった，またきょうだいに対して行われているのを見ていたなど），②家庭の状況（夫婦関係が支配服従関係にあり，経済的にも不安定という

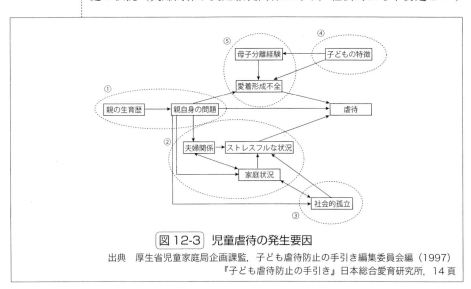

図12-3　児童虐待の発生要因

出典　厚生省児童家庭局企画課監，子ども虐待防止の手引き編集委員会編（1997）『子ども虐待防止の手引き』日本総合愛育研究所，14頁

ような，家庭生活そのものがストレスになっているなど），③社会からの孤立（親自身の人格や言動の問題から近隣や親族との関係が希薄），④児童自身の要因（育てにくい子，手のかかる子など），⑤親とその児童との関係（親自身の問題または子ども自身の問題のどちらかを抱え，乳児期に母子分離体験があるなど）が考えられています。しかし，これらの要因があるからといって，すべての家庭で虐待が発生するということではなく，家族メンバー間の相互作用のなかで，いくつかの要因が絡み合ったときに発生すると考えられています。

2）補償因子と保育士の存在

　虐待を発生させるリスク要因があっても，その発生を防止するように働く要因もあります。これを補償因子といいますが，庄司順一はカフマンとジグラーのリスク因子と補償因子の研究結果を採用し，虐待および予防に関する説明をしています。①個体発生レベル（成育歴）では，高い知能指数や過去に受けた虐待の自覚，一人の親とのポジティブな関係を持っていたなど，②マイクロシステムレベル（家族）では，支持的な配偶者，経済的な安定，健康な子どもなど，③エクソシステムレベル（地域）では，十分な社会的支援，学校でのポジティブな経験や仲間関係，ストレスフルな出来事が少ない，治療的介入など，④マクロシステムレベル（文化）では，地域の子どもたちを共に育てるという感覚を促進する文化，暴力に反対する文化，経済的好況などです。このような補償因子があることによって，リスク要因が軽減もしくは解消され，虐待に至らないことが可能となると説明し，リスク因子と虐待の発生を短絡的につなげて考えることを戒めています。

　一方，虐待の連鎖を断ち切る要因として，虐待によって傷つけられ，自身の力では治すことのできない心の傷（トラウマ）に対する専門家による治療と，信頼できる大人との出会いがあげられます。まさに，人の役に立つ体験・褒められる体験・感謝される体験・認められる体験・頼られる体験・必要とされる体験など，周囲の大人の関わりをとおして，被虐待児が自己肯定感・自己有用感を持てるようになることが大切です。この周囲の大人の1人に保育士の存在があります。

第6節　虐待への保育所の責任と役割

1) 早期発見

　保育所の社会的責任および役割として，通所してくる子どもたちへの日々の保育にとどまらず，保護者への保育に関する指導および保護者への子育て支援をはじめ，家庭や地域の様々な社会資源（関係機関など）との連携や協力を図りながら，地域社会に対して子育てに関する情報を発信し，子育てに関する相談援助を行うことが求められています。また，保育所保育指針では，子どもの健康および安全は，子どもの生命の保持と健やかな生活の基本であり，一人ひとりの子どもの健康の保持および増進並びに安全の確保が規定されています。そして，不適切な養育の兆候が見られる場合（表12-1）には，要保護児童対策地域協議会（要対協）で検討するなど適切な対応を図ることや，虐待が疑われる場合には，速やかに市町村または児童相談所に通告し，適切な対応を図ることが示されています。児童虐待防止法の第5条においても，児童福祉施設職員は児童虐待の早期発見しやすい立場にあることを自覚し，早期発見に努めなければならないと規定されています。特に保育所においては，毎日長時間，複数の職員が関わるため，早期発見しやすい立場にあると考えられます。

2) 虐待対応「通告」

　児童福祉法および児童虐待防止法では，虐待を発見した者および虐待と思わる行為・疑われる行為を発見した場合は，その個人（教職員を含む）や団体には市町村，児童相談所などに通告する義務が課せられています。その内容は主に表12-2に示した項目の情報を提供することになります。また，虐待の通告義務は，守秘義務に優先し，個人情報保護法でも情報の提供が認められています。さらに，通告者の保

12章　虐待と家庭支援

表12-1　気がかりな子ども，保護者の様子

子どもの様子

身体的な変化	ア　不自然な傷や同じような傷が多い ア　原因のはっきりしないケガをしている ア　治療していない傷がある オ　身長や体重の増加が悪い
表情	イ　表情や反応が乏しく笑顔が少ない イ　おびえた泣きかたをする ウ　養育者と離れると安心した表情になる イ　落ち着きがなく警戒心が強い
行動	エ　身体的接触を異常に怖がる エ　衣服を脱ぐときに異常な不安を見せる カ　不自然な時間に徘徊が多い
他者との関わり	キ　他者とうまくかかわれない キ　他者に対して乱暴である ク　保護者が迎えにきても帰りたがらない エク　他者との身体接触を異常に怖がる
生活の様子	ケ　衣服や身体がいつも不潔である ケコ　基本的な生活習慣が身についていない コ　給食をむさぼるように食べる オ　予防接種や健康診断を受けていない サ　年齢不相応の性的な言葉や行為がみられる

保護者の様子

子どもへの関わりかた	セ　子どもへの態度や言葉が拒否的である セ　子どもの扱いが乱暴である セ　子どもに対して冷淡である セ　兄弟に対して差別的である
他者への関わりかた	シ　他者に対して否定的な態度をとる シ　他者との関係がもてない シ　保育士との会話を避ける シ　説明の内容が曖昧でコロコロ変わる シ　子どもに関する他者の意見に被害的・攻撃的になる
生活の様子	シ　地域の交流がなく孤立している ス　不衛生な生活環境である ソ　夫婦関係や経済状態が悪い タ　夫婦間の暴力が認められる
保護者自身のこと	チ　ひどく疲れている チ　精神状態が不安定である チ　性格的な問題として，被害観が強い，偏った思いこみ，衝動的，未成熟等 シ　連絡が取りづらい

出典　神奈川県（2011）保育現場ですぐに活用できる「児童虐待防止ハンドブック」概要版（その1）
※表中のア〜チの記号は，「保育所における虐待予防のためのチェックシート」に連動している

護（匿名での通告も可）も規定されています。通告する場合，証拠がなくとも，また調査の結果，虐待の事実がなかった場合でも，通告者が罰せられることはありません。しかし，その解決に向けて，親の意

Ⅲ部　家庭支援が特別に必要になる場合

向や個人のプライバシーには最大限配慮することは言うまでもありません。また，匿名による通告も可能ですが，保育所にあっては専門機関であるとの自覚は持ちたいものです。そして，通告は密告ではなく，これまで孤立していた家族（親）・家庭を専門機関につなげ，問

表12-2　子ども虐待通告連絡票

子ども虐待通告連絡票（分かる範囲で情報提供をお願いします）　＜保育所用＞

連絡年月日	平成　年　月　日（　）　時　分			
子どもについて	名前	男・女	生年月日（年齢）	年　月　日生（　歳）
		男・女		年　月　日生（　歳）
		男・女		年　月　日生（　歳）
	住所		電話（　）	
	施設名	名称		組　　　　担任
	虐待の内容	誰から いつから 頻度は どんなふうに 心配されること		
	現在の様子（今いる場所，身体の状況，通学状況などについて）			
家族について	続柄	氏名（主な虐待者を○で囲む）	生年月日（年齢）	現在の居住　備考（職業，所属，特徴等）
				同・別
				同・別
				同・別
				同・別
	家族構成		身体所見	
連絡者	名称		職種　1．園長　2．主任保育士　3．担任保育士 　　　4．看護婦　5．その他	
	事実の確認	1．目撃した　2．悲鳴や音を聞く等して推測した 3．疑わしい所見があった→具体的に記載してください （　　　　　　　　　　　　　　　　　　　　　　　　　　　） 4．関係者から聞いた→関係者氏名・連絡先・通告者との関係等について記載してください （　　　　　　　　　　　　　　　　　　　　　　　　　　　）		
	家族との話し合い	子どもの家族と　1．話し合った　2．話し合っていない 子どもの家族はこの通告に対して 1．承知している　2．拒否している　3．知らせていない		

出典　神奈川県（2011）保育現場ですぐに活用できる「児童虐待防止ハンドブック」概要版（その2）

題を解決するための行為であると考えることが大切です。また，通告のみならず，公的機関に「相談」という形で連絡することも可能です。

一方，通告は他の保護者や近隣・地域の人々に知らせる行為ではなく，情報は決して漏らしてはいけないものです。そのため，要保護児童対策協議会のメンバーなど，専門機関や公的機関など守秘義務が課されている人々との間のみ，情報共有できることもあわせて理解しておきましょう。

3) 援助に際しての視点

虐待の発生要因は単一ではなく，諸要因が複雑に絡み合って発生していること，また，けっして悪い親が虐待するのではなく，地域社会から孤立し養育に困っている親が虐待に至ってしまっている，というとらえ方が大切です。そのため，それぞれの専門機関が連携をし，チームとなって子どものみならず親を含めた家庭への支援（チームアプローチ）が必要です。

また，保育所が見守りや支援を依頼された場合の留意点として，キーとなる専門機関（担当者）が誰かを知ることです。また，支援に関わっているケースを進行管理する虐待防止対策の基本的な考え方としては，発生予防から虐待を受けた子どもの自立に至るまでの切れ目のない支援の視点が重要です。椎名篤子は「目の前の小さな子どもだけを見ず，子どもの一生を考えて「今」を支える，支援を「点」から「線」にすることが大切である」と表現しています（椎名，1997）。さらに，援助の視点は「面」へと広がりを持つことが重要であり，そして，予防については，「予防の1オンス[5]は，治療の1ポンドに優る」との言葉があるように，重要な点なのです。

←5 1オンスは1ポンドの16分の1。

また，子ども家庭支援のターゲットについて，①子育ち支援（子ども自身の成長，発達支援），②親育ち支援（親になるための支援），③親子関係の支援（子育て・親育て支援，親子の信頼および愛着関係形成のための支援，子育てをする親を「育てる」支援），④育む環境の育成支援（地域社会づくり）をあげており，このような4つの分野にわたる，トータルな支援が必要となっています（山縣文治，2002）。

■演習課題

1. 虐待対応における保育所および保育士の役割について考えましょう。

2. 虐待の発生要因を踏まえ、子どもと親への支援に向けて大切な視点を整理しましょう。

3. 虐待被害にあった人がどのような影響を受けるのか、また、なぜ親は暴力を振るうのか、整理してみましょう。

4. 以下の事例について、みんなで話し合って考えてみましょう。

> 『昨年産んだ息子に憎しみ』
> 20代主婦、息子を昨年出産しました。叱られるのを覚悟で言いますが、その息子に憎しみを抱いています。
> おなかの中に息子がいた頃は、会える日を心待ちにしていました。ところが生まれた途端、そんな思いは吹き飛んでしまいました。
> 出産後は、目や頭、顔など息子の全てに腹が立つ毎日です。息子の写真を見るだけでもイライラします。泣くことと排便しかできず、ただあおむけに寝ているだけの生き物に、なぜ私が24時間束縛されるのかと思ってしまいます。
> 本音では、息子がいなくなってほしい。でも、夫の両親や友人の前では、息子をかわいがっているふりをします。実の両親を早く亡くした私には、頼れる人も、本音を言える人もいません。私の心はもう、悪魔と同じ汚いものです。誰か助けてください。
> 　　　　　　　　　　　　　　　　　　　　読売新聞　2012年6月25日付　「人生案内」

【文献】
池田由子（1987）児童虐待　中公新書
NHK特集（2009年7月4日放送）追跡！A to Z「虐待の傷は癒えるのか」
柏女霊峰・山縣文治編（2002）家族援助論　ミネルヴァ書房
窪田暁子（2013）福祉援助の臨床　誠信書房
恩賜財団母子愛育会日本子ども家庭総合研究所編（2009）子ども虐待対応の手引き　有斐閣
小林美智子・松本伊智朗編著（2007）子ども虐待　介入と支援のはざまで　明石書店
椎名篤子（1997）親になるほど難しいことはない　講談社
庄司順一（1992）「小児虐待」『小児保健研究』第51巻
庄司順一（1995）「小児虐待の発生要因に関する一考察―親子関係の病理として」『早稲田心理学年報』第27巻

高橋重宏編（2008）子ども虐待　有斐閣
髙橋貴志編著（2013）現代保育者入門　大学図書出版
玉井邦夫（2001）〈子どもの虐待〉を考える　講談社
橋本好市・直島正樹編著（2012）保育実践に求められるソーシャルワーク　ミネルヴァ書房
増沢高（2011）事例で学ぶ　社会的養護児童のアセスメント　明石書店
松本伊智朗編著　清水克之・佐藤拓代・峯本耕治・村井美紀・山野良一著（2010）子ども虐待と貧困　明石書店

【参考図書】
朝日新聞大阪本社編集局（2008）ルポ　児童虐待　朝日新聞出版
椎名篤子編（1997）凍りついた瞳が見つめるもの　集英社文庫
椎名篤子（2007）「愛されたい」を拒絶される子どもたち　大和書房
杉山登志郎（2010）子ども虐待という第四の発達障害　学研
杉山春（2013）ルポ　虐待　筑摩書房
田中康雄編（2012）児童生活臨床と社会的養護　金剛出版
野口啓示（2009）むずかしい子を育てるペアレント・トレーニング　明石書店
林恵子編著（2011）施設から社会へ羽ばたくあなたへ　明石書店
毎日新聞児童虐待取材班（2008）殺さないで　中央法規
増沢高・青木紀久代編著（2012）社会的養護における生活臨床と心理臨床　福村出版
村瀬嘉代子監修　高橋利一編（2002）子どもの福祉とこころ　新曜社

13章 これからの家庭支援

第1節　子どもが育つ土壌としての家庭を支援する

1）子育ちの難しさ・子育ての難しさに対応した家庭支援

　家庭は，子どもが生きて活動するための土台として大切なものです。これまでの章で，みなさんは，様々な形を持つ家庭，多様な家族の存在を理解し，子育ちの難しさ，子育ての困難さに対する支援の必要性を学ばれたと思います。子どもたちは様々な家族によって養育されており，多様な家族の姿があります。家庭支援とは，多様な家庭について，子どもが育つ土壌として支援していく実践です。

　地域で気軽に声をかけあう知り合いもおらず，相談することができないまま，孤立している人々の存在や児童虐待が増加している現状を学び，身近な保育所や幼稚園，地域の子育て支援施設などは，「子どもの養護と教育」をキーワードに多様な家庭が集まる地域のセンターとして機能する必要性について考えました。

　皆さんが現場で出会う様々な家庭の姿から，子どもを含めた家族の生活空間，生活時間，経済生活，対人関係を理解し，多様性に合わせた支援につなげるには，さらにシステムとしての家庭をとらえて，総合的に理解する力も必要となります。

　日本は世帯の縮小が進み，孤立した家庭が増えて，近隣地域とのつながりが弱まり，人間関係が乏しくなっています。仕事と家庭が分断されている現状や，子育てを母親任せにするような夫婦間性別役割分業意識を変えていかなくてはなりません。家族になんらかの支障が生じ，子どもを育むはずの家庭が不安定になった場合，社会のセーフティネットや親子をとりまく環境が，それを補う必要が出てきます。

　保育所は第一の家庭支援の場です。子どもの最善の利益を考慮し，子どもの権利を守り，子どもの健康・安全を維持する責務があります。

　家庭支援には2つの側面があります。保育者が養育者や家族の話を

聞いたり，見守ったり，相談にのったり，子どもの発達の姿を伝えたりという直接的支援，政府による子育て支援施策や児童扶養手当や補助制度のような仕組みづくりです。どちらも重要な家庭支援の側面です。また児童虐待予防週間や国際家族年のようなキャンペーン活動は予防的な啓発活動として重要です。

　これからの家庭支援は，たとえ子育ちが難しく，子育てに困難を抱える状況であっても，身近な地域ネットワークを活性化することによって，社会全体で子育ての課題に取り組む姿勢が求められます。そうした当事者を含めた主体的関与が，逆に地域を変えていく可能性もあります。その担い手として，保育者の役割はますます注目されることでしょう。

第2節　地域における養育支援と就労支援

1）子育ての環境と現代の家庭

　保育実践は，保護者が継続して就労できるように支援するだけでなく，子育てを続けられるように養育支援にも配慮することで，子どものウェルビーイングを高めています。

　少子高齢化社会では，子どもの人口が減って子育て家庭が出会う機会自体も減ることから，社会の中で孤立する可能性が増しています。

　その一方で65歳以上の高齢者の占める割合（高齢化率）が増大し，子どもが地域のお年寄りと接する機会は増えていることが考えられます。子どもは祖父母や高齢者に対して親しみを感じ，世代を超えてつながる可能性はあります。一方で，多様性を受け入れられないために，子育て中の家庭が孤立する危険性も孕んでいます。

2）養育支援と就労支援

　子育て支援の定義は，「児童が生まれ，育ち，生活する基盤である親及び家庭における児童養育の機能に対し，家庭以外の私的，公的，社会的機能が支援的にかかわること」（柏女，2003）とされています。時代が変わると子育ても変わりますが，子育て支援は子どもが育つことを第一に考えて取り組まれなければなりません。

　図13-1は子育て期の家庭の地域環境と家庭とのつながりを示したものです。子ども同士，子どもと保育者，コミュニティの人間関係の形成が家庭支援の大きな部分を占めていることがわかります。図中の「就労支援」には，それぞれの保護者がワーク・ライフ・バランスを達成できるような支援を含んでいます。保護者の勤務する職場環境，福利厚生，上司の子育てへの理解や利用できる子育て支援制度などの違いは，保育所の行事への参加や経済的余裕などに影響を及ぼしま

13章　これからの家庭支援

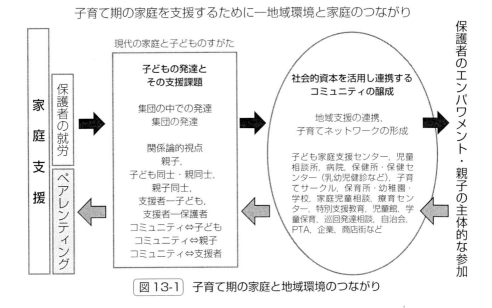

図13-1　子育て期の家庭と地域環境のつながり

す。ひとり親家庭，単身赴任家庭，祖父母が孫を育てる家庭など，多様な家庭・家族には，施策などによる家庭支援が必要になり，多様な家庭をとりまく複雑な背景を理解する必要があります。

　子どもは，社会的育児に支えられます。子ども家庭支援センター，児童相談所，病院，母子保健を推進する保健所・保健センターなど，子育てサークル，保育所・幼稚園・学校，特別支援学校，家庭児童相談，療育センター，児童館，学童保育，巡回発達相談，自治会，ＰＴＡ，企業，商店街など様々な機関と家庭の連携を通して，支援ネットワークを広げて，養育支援が可能になります。保育所だけがあれもこれも課題を抱え込むのではなく，子どもの育ちに合わせて，地域ネットワークと連携して支援につなげます。

　保護者一人ひとりの「エンパワメント」を高める➡1ことができれば，地域ネットワークが活性化し，主体的な親子の参加にもつながります。循環するネットワークづくりは現代の課題でもあるのです。

◀1　正統的周辺参加論（Lave & Wenger, 1991）によれば，学習者は，共同体に全人格的に「参加」しているという実感と，「今, ここに」何か共有できるみちが開かれているという予測によって，実践活動に動機づけが持てるので，相互関係そのものを維持することが自律的なエンパワメントを高める。したがって，保護者や子どもが共同的な活動にアクセスできること，参加に即したしくみが連携していることが必要である。

【文献】
柏女霊峰(2003)子育て支援と保育者の役割　フレーベル館
Lave, J. & Wenger, E.(1993)状況に埋め込まれた学習―正統的周辺参加(福島真人 , 訳)産業図書

索引

A-Z

ABA 法	171
ADHD	172, 193
DSM-5	167, 172
EYFS	140
Good enough mother	181
TEACCH（ティーチ）メソッド	171

あ

愛着	148
愛着関係	168, 171
愛着の対象	149
アセスメント	110
アセット	112
あそび	46
アフターケア	109
アメリカ精神医学会	167
アルコール依存症	139
アルトガルドリ	129
安全基地	148
医学的治療法	174
怒り	202
イクジイ	82
育児休暇	122, 127
育児休業法	75
育児不安	66, 87
イクメン	66
依存	192
一時保育	33, 86, 147
一日保育者	125
１歳児以上保育請求権	123
１歳６か月健診	151
一般世帯	23
居場所	104
異文化紹介デー	124
異文化理解教育保育士	124
移民家庭	133
インクルーシブ教育	165
インクルージョン（社会的包摂／共生）	137
インフォーマルな社会資源	110
ウィニコット	181, 184
迂遠回避型	178
うつ	174, 190
うつ状態	201

うつ病	87		学習障害（LD）	96, 163
疫学	164		学童保育	104, 139, 158
エクセレンスセンター	138		風見鶏	185
エクソシステム	207		家族	18
エコールマテルネル	130		家族システム論	178
エコマップ	113		家族手当	127
NPO法人びーのびーの	76		活動性	186
NPO法人 Fathering Japan（ファザーリングジャパン）	77		家庭保育所	129
			からだことば	188
M字カーブ	60		感覚統合訓練	171
エリクソン	183		感情的包絡	18, 19
遠城寺式乳幼児分析的発達検査法	94		感情融合	18, 19
エンゼルプラン	72, 100		キーパーソン	193
延長保育	86		基礎手当	127
園庭解放	87		虐待の連鎖	182, 207
応用行動分析	171		教育	32, 38, 40, 41
太田ステージ	171		教育センター	93
幼い子どもの生活	46		共生段階	146
夫の立ち合いによる出産	146		緊急保育対策等5か年事業	72
親子菜園	124		クールダウン	169
親子の受け入れの場	130		クオリテイ・オブ・ライフ（QOL）	17
親子分離	205		クレーン現象	168
「親を巻き込む」実践	140		経過観察	97
			言語聴覚士	169
か			研修制度	104
			行為障害	174
回避	192		合計特殊出生率	22

攻撃性	186	コンサルテーション	95
行動観察	92	困難感	166
行動療法	175		
好発年齢	189		
コーディネート	91	**さ**	
国際家族年	19, 217	再構成家族	126
国勢調査	21	再接近期	180
個人情報	89	里帰り出産	146
個人情報保護法	208	サポートグループ	170
子育て支援コーディネーター	91	産後うつ	64
子育て支援センター（子ども家庭支援センター）	100	産時休暇	126
		三者関係	156
子育て支援マップ	103	シェーピング	169
子育てボランティア（サポーター）	102	ジェノグラム	94, 95
こだわり	166	自我のめばえ	150
子ども・子育て応援プラン	72, 101	自己主張	186, 187, 192
子ども・子育て支援法	101, 158	自己調整	152, 156
子ども・子育て新システム	73	仕事と子育ての両立	126
子ども・子育てビジョン	73, 104	自殺企図	201
子どもが主導	141	次世代育成支援対策推進法	72
子どもの貧困	78	自尊感情	27, 175, 196
子どもの貧困率	134	自尊心の欠如	201
子ども発達クリニック	93	実行機能	172
子ども発達センター	90	指導	33
子どもを守る地域ネットワーク（要保護児童対策協議会）	106	児童家庭相談	108
		児童館	102, 104
孤立型	178	児童虐待の防止等に関する法律（児童	

虐待防止法）	199	少子化社会対策会議	72
児童虐待防止法	208	少子化社会対策基本法	72
児童厚生施設	104	情緒障害	201
児童（子ども）の権利に関する条約		情緒不安定	201
	35	情動の抑制	172
児童精神科	93	小児看護師	129
児童精神科医	175	小児神経科	93
児童相談所	205	小児神経科医	175
児童手当	122	ショートステイ	102
児童デイサービス	103	自律	152, 196
児童発達支援事業	103	心因性嘔吐	182
児童発達支援センター	103	新エンゼルプラン	72, 101
児童票	93	親権	196
児童福祉法	208	親権の濫用	197
児童扶養手当	78	新自由主義	134
自閉症スペクトラム障害（ASD） 96,		心身症状	189
163, 166, 193		身体感覚	189
社会資源	110	身体的虐待	199, 204
社会的排除	9, 136	新版K式発達検査	92
社会的養護	80, 108	心理的虐待	200, 204
シュア・スタート	137	心理的分離	180
就学相談	93	心理判定員	91
集団保育所	128	スターティング・ストロング 138	
就労支援	61	スマートフォン	47
守秘義務	89, 208	生育歴	192
巡回指導員	92, 93, 97	生活	16
障害者自立支援法	103	生殖補助医療（ART）	62, 63

生態学的システムモデル	146
性的虐待	199, 204
性別分業	26
生理的早産	196
セーフティネット	216
世帯	21
摂食障害	182
絶対的依存性	184, 185
染色体異常	62
専門里親制度	80
早期教育	40
送迎時の対応	156
相対的依存	184
素行障害	174
祖父母	193
ソフリエ	82

た

第一次反抗期	152
体験保育	86
タイムアウト	175
多元的保育所	129
多世代の交流	82
多胎児サークル	147
試し行動	80
短期記憶	172
単独世帯	21, 24
地域子育て支援拠点事業	76, 101
地域子育て支援事業	101
地域子育て支援施設	91
地域子ども・子育て支援事業	158
地域発達障害支援センター	170
チームアプローチ	211
父親休暇	126
父親の育児関与	66
注意欠陥多動性障害（ADHD）	96, 163, 172
注意集中	172
チルドレンズ・センター	138
通告	208
通告義務	91, 208
通常学級	165
通所サービス	103
津守式乳幼児精神発達質問紙	94
定型発達	193
定型発達児	165
デプレッション	190
てんかん	168, 171
ドイツ語指導保育者	123
トークンエコノミー	175
特定妊婦	106
特別支援学校	165
特別支援教育体制	65

特別支援教員	169
特別支援教室	165
ドメスティック・バイオレンス（DV）	19
トラウマ	201, 203, 207
ドロップイン	120
トワイライト	102

な

2か国語読み聞かせ	124
二次障害	174
ニューカマー	11
乳児家庭全戸訪問事業	65, 90, 109, 147
乳児保育	40
入所サービス	103
乳幼児期基礎段階	140
乳幼児教育士	129
乳幼児健診	90
認可保育ママ	128
ネグレクト	199, 204
ネットワーク会議	101
ノーバディズ・パーフェクト	121
ノーマライゼーション	12

は

ハイリスク	174
発達検査	92
発達障害	96, 162, 186, 187, 193, 201
発達障害者支援センター	93
パッチワーク家族	123
パニック行動	168
母親と乳幼児の保護センター	132
反抗挑戦性障害	174
反社会的行動	202
被害少年	201
東日本大震災	83
ひきこもり	201
被虐待経験	80
被虐待児	205, 206, 207
非行	174
非社会的行動	202
人指向性	146
1人世帯	21
1人でいる能力	184
病児・病後児保育	86
ひろば	76
貧困	9
ファシリテーター	121
ファミリー・サポート・センター	86, 102

ファミリー・サポート・センター事業（ファミサポ）	82	放課後子どもプラン	105
ファミリー・リソースセンター	120	放課後児童クラブ	104
ファミリー・アイデンティティ	20	冒険遊び場（プレーパーク）	105
不安障害	174	包摂	137
夫婦間性別役割分業意識	216	ボールビィ	148
フォーマルな社会資源	110	保健所	90, 170
福祉国家システム	135	保健センター	90, 170
父子世帯	78	保護者カフェ	124
不妊	62	母子健康手帳	65
不妊治療	63	母子世帯	78
フラッシュバック	201	母子手当	136
フランス	126	母子分離体験	207
フリースクール	105	ホスピタリズム	34
フリースペース	105	ほどよい母	181
プレイセラピー	183	ポルトマン	196
プレ幼稚園	123		
プロンプト	169		
分離個体化	180	**ま**	
ペアレント・トレーニング	174	マイクロシステムレベル	207
ベビーマッサージ	123	マイ保育園制度	147
保育カウンセラー	92	「マイ保育園」登録制度	64
保育カンファレンス	92, 94	マクロシステム	207
保育所巡回指導	92	マタニティブルーズ	64
保育所保育指針	86	マルトリートメント（不適切な養育）	197
保育に欠ける	74	満足のいく母	181
保育臨床相談	92	見捨てられ感	202

身近な大人	54
見守り	211
メアリー・ゴードン	120

や

薬物療法	174
養育支援	61
養育支援訪問事業	109
養護	32, 38, 40, 103
要支援家庭	110, 111
要支援児童	106
幼稚園教育要領	86
要保護児童	106, 135
要保護児童対策地域協議会	208, 211
予防的支援	118

ら

ライフコース	60
リスク	112, 207
離席行動	174
リプロダクティヴヘルス／ライツ	63
療育	171
療育相談センター	90
療育手帳	91
両親学級	90
臨床心理士	92, 95, 169, 183, 192
ルーツ・オブ・エンパシー	120
レジリエンス	192
連携	95
練習期	148, 180

わ

ワーク・ライフ・バランス	61, 136

編著者紹介

編　者

加藤邦子	川口短期大学こども学科 教授
牧野カツコ	宇都宮共和大学子ども生活学部 特任教授
井原成男	早稲田大学人間科学部健康福祉科学科臨床心理系 教授
榊原洋一	お茶の水女子大学 名誉教授
浜口順子	お茶の水女子大学基幹研究院人間科学系 教授

執筆者〈執筆順〉

加藤邦子	編者〈はじめに 第1節, 9章, 13章〉
浜口順子	編者〈はじめに 第2節, 2章〉
牧野カツコ	編者〈1章〉
菊地知子	お茶の水女子大学いずみナーサリー 主任保育士〈3章〉
安治陽子	前お茶の水女子大学人間発達教育科学研究所 研究協力員〈4章〉
井上清美	川口短期大学こども学科 教授〈5章〉
森定美也子	和歌山信愛女子短期大学保育科 准教授〈6章〉
柳瀬洋美	東京家政学院大学現代生活学部 准教授〈7章 第1・2・3節〉
新開よしみ	東京家政学院大学現代生活学部 教授〈7章 第4・5・6節〉
伊志嶺美津子	特定非営利活動法人子ども家庭リソースセンター NP部門代表〈8章 第1節〉
ベルガー有希子	ミュンヘン市教育スポーツ局 幼稚園教諭〈8章 第2節〉
星三和子	名古屋芸術大学 名誉教授〈8章 第3節〉
塩崎美穂	日本福祉大学子ども発達学部 准教授〈8章 第4節〉
榊原洋一	編者〈10章〉
井原成男	編者〈11章〉
大竹智	立正大学社会福祉学部 教授〈12章〉

子どもと地域と社会をつなぐ　家庭支援論

2015 年 3 月 20 日　初版第 1 刷発行
2018 年 11 月 15 日　　　第 4 刷発行

編著者　　加藤　邦子
　　　　　牧野　カツコ
　　　　　井原　成男
　　　　　榊原　洋一
　　　　　浜口　順子
発行者　　宮下　基幸
発行所　　福村出版株式会社
〒 113-0034　東京都文京区湯島 2-14-11
電話　03-5812-9702　FAX　03-5812-9705
https://www.fukumura.co.jp

印刷　株式会社文化カラー印刷
製本　協栄製本株式会社

©Kuniko Kato, Junko Hamaguchi 2015
Printed in Japan
ISBN978-4-571-11037-5
定価はカバーに表示してあります。
乱丁本・落丁本はお取替えいたします。

福村出版◆好評図書

七木田 敦・J. ダンカン 編著
「子育て先進国」ニュージーランドの保育
●歴史と文化が紡ぐ家族支援と幼児教育
◎2,400円　ISBN978-4-571-11038-2　C3037

世界でいち早く幼保一元化を実施し、就学前教育参加率を高めたニュージーランドの多様な保育実践と課題。

R. バーク・J. ダンカン 著／七木田 敦・中坪史典 監訳
飯野祐樹・大野 歩・田中沙織・島津礼子・松井剛太 訳
文化を映し出す子どもの身体
●文化人類学からみた日本とニュージーランドの幼児教育
◎3,200円　ISBN978-4-571-11041-2　C3037

日本とニュージーランドでのフィールド調査とフーコーらの身体論を基に、幼児教育が含む文化的前提を解明。

七木田 敦・山根正夫 編著
発達が気になる子どもの行動が変わる！
保育者のためのABI（活動に根ざした介入）実践事例集
◎1,800円　ISBN978-4-571-12129-6　C3037

発達障害が気になる子どもの行動に対する新しいアプローチ、ABI（活動に根ざした介入）の実践例を紹介。

小川英彦 編
ポケット判
保育士・幼稚園教諭のための障害児保育キーワード100
◎2,000円　ISBN978-4-571-12131-9　C3037

法律・制度から日々の実践まで、障害児保育に必要な情報100項目を収録し、平易に解説したガイドブック。

M. ロックシュタイン 著／小笠原道雄 監訳／木内陽一・松村納央子 訳
遊びが子どもを育てる
●フレーベルの〈幼稚園〉と〈教育遊具〉
◎2,500円　ISBN978-4-571-11034-4　C3037

幼児教育の礎を築いた教育家フレーベルの生涯と、彼の発明した遊具をカラーで紹介。付録・日本版読書案内。

井原成男 著
ウィニコットと移行対象の発達心理学
◎2,500円　ISBN978-4-571-23044-8　C3011

精神分析医ウィニコットの理論と豊富な臨床事例をもとに解き明かす、移行対象からみた子どもの発達心理学。

井原成男 著
子育てカウンセリング「育てなおし」の発達心理学
◎1,800円　ISBN978-4-571-23043-1　C0011

子ども心理カウンセラーが発達心理学の視点から臨床現場の経験をもとにアドバイス。「育てなおし」の子育て論。

◎価格は本体価格です。